종이접기건축
세계문화유산
45

자타니 마사히로·나카자와 게이코 지음
고지영 옮김

터닝
포인트

이 책의 한국어판 저작권은 (주)엔터스코리아를 통한 일본의 SHOKOKUSHA Publishing Co.,Ltd.
와의 독점 계약으로 터닝포인트가 소유합니다.
신 저작권법에 의하여 한국 내에서 보호를 받는 저작물이므로 무단전재와 무단복제를 금합니다.

ORIGAMIC ARCHITECTURE Let's Make World Heritage Buildings
© MASAHIRO CHATANI 2005
© KEIKO NAKAZAWA 2005
Originally published in Japan in 2005 by SHOKOKUSHA Publishing Co.,Ltd.
Korean translation rights arranged through TOHAN CORPORATION, TOKYO.,
and EntersKorea Co., Ltd.,SEOUL

이 책의 한국어판 저작권은 (주)엔터스코리아를 통한 일본의 SHOKOKUSHA Publishing Co.,Ltd.
와의 독점 계약으로 터닝포인트가 소유합니다.
신 저작권법에 의하여 한국 내에서 보호를 받는 저작물이므로 무단전재와 무단복제를 금합니다.

서문
Introduction

여가 시간을 틈타 해 오던 종이접기건축이
어느새 세계적으로 널리 알려지게 되었다.
온 세상의 삼라만상을 작은 종이 안에 담아
20년간 집어온 종이접기 애호가들.
이것은 신의 기적이 아닌 종이 마술의 세계이다.
나는 검은 머리에 서리가 내릴 때까지
끝을 알 수 없는 종이 마술의 세계를 탐닉해왔다.
세계의 산물들을 종이로 표현하는 것은
시간과 공간을 초월하여 세계 곳곳을 여행하는 일과 같다.

종이접기건축 창시자

자타니 마사히로

Preface

Origamic Architecture—a simple hobby, it was,
for the long idle hours. It spread before I knew it
to nimble fingers the world over,
devotees from a score and more years of folding,
folding the wonders of all ages, all creation
into crisp paper. Not miracles of god, these,
but works of paper magic, pursued without end,
going nowhere, while my black hair
went white. But this—a product that will endure in the world!
To build with paper is to travel at your whim
without limits through time and space.
And here it is.

Masahiro Chatani
Originator, Origamic Architecture

종이접기 입문: 준비 도구와 종이
Getting Started in Origamic Architecture : Tools and Paper

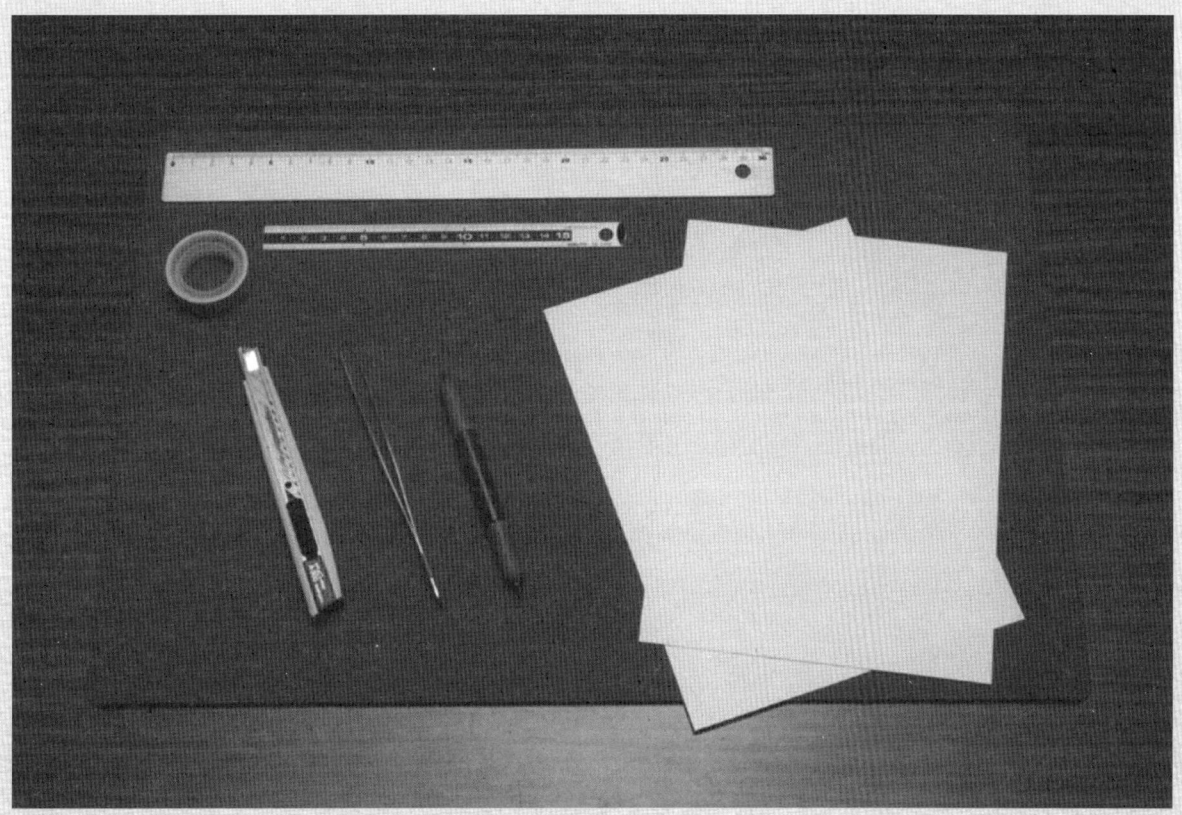

종이접기건축을 제작할 때는 몇 가지 도구와 두꺼운 종이가 필요하다.
작품 도안은 복사를 해서 여러 번 사용할 수 있도록 하자.
다만 이 책에서는 사용자의 편의대로 잘라서 쓸 수 있도록 구성하였다.

기본 도구
다용도 칼, 핀셋, 철필(송곳), 눈금자, 드래프팅 테이프(투명 테이프), 커팅 매트

기본 종이
흰색 켄트지(15×20cm, 10×30cm) …약간 두꺼운 종이로 160~180g 종이

To make Origamic Architecture requires the tools below and stiff paper. Be sure to copy the pattern you want to use, so that the original pattern can be used again and again.

Basic Tools
Craft knife, tweezers, stylus (or needle), ruler, drafting tape, cutting mat

Basic Paper
White Kent (construction) paper (15×20cm, 10×30cm)… heavier weight paper of about 160~180g per 1sheet (0.26mm thickness).

90° 작품 만들기

2 아부심벨 신전

준비 도구

흰색 켄트지(약 16cm×22cm) 1장

How to Create the 90°-angle Model
2 Abu Simbel Temple

Requires one sheet of white Kent (construction) paper, about 16cm×22cm.

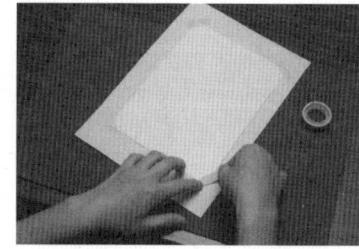

❶ 도안을 복사해서 켄트지 위에 올린다. 용지와 도안이 움직이지 않도록 네 모서리에 임시로 드래프팅 테이프를 붙인다.

* Copy the pattern. Place the copy you have made on the sheet of Kent paper, taping it lightly at the corners with drafting tape to hold it in place.

❷ 철필로 도안 윗부분부터 산접기 선, 골접기 선의 점선을 따라 구멍을 내어 표시한다.

* Mark the extreme ends of the ridge lines and valley lines by making pinpricks through the pattern with a stylus.

❸ 종이를 빛에 비추어 모든 점선에 표시가 끝났는지 확인한 후, 다용도 칼로 도안 윗부분부터 자르는 선(실선)을 따라 자른다. 이 때 자르는 부분이 짧은 곳부터 자르기 시작한다. 밑의 켄트지까지 종이 두 장(도안과 켄트지)을 한 번에 잘라야 하므로 어느 정도 힘을 가해서 자른다.

* Hold the taped papers up to the light to confirm that pinpricks are made at all the necessary points. Next cut along the cutting lines directly through the pattern, with a craft knife, beginning with the small cutout portions. Apply enough pressure when cutting to cut cleanly through both the pattern and Kent paper.

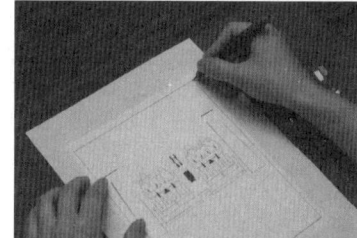

❹ 자르는 선과 잘라 내기 부분을 모두 잘라내면 철필로 도안의 네 모서리 부분에 구멍을 내어 표시한다.

* After cutting all cutting lines and cutouts, make pinpricks at the corners of the card outline with a stylus.

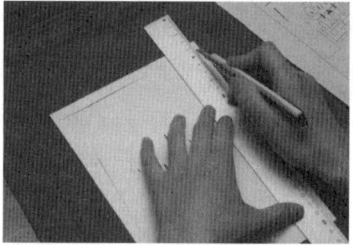

❺ 켄트지에서 도안을 떼어낸 후 눈금자를 대고 네 모서리의 구멍들을 연결하여 잘라낸다.

* Remove the pattern from the Kent paper, align your ruler with the pinpricks at the four corners and cut the card outline.

❻ 접기 쉽도록 철필 혹은 다용도 칼로 산접기 선과 골접기 선 부분을 반쯤 베어낸다는 생각으로 선을 긋는다. 눈금자를 사용하여 산접기 부분은 앞면에, 골접기 부분은 뒷면에 반듯하게 선을 그어 두면 깔끔하게 접을 수 있다.

* In order to make folding easier, cut half-way into the paper along the ridge fold lines (from the front) and valley fold lines (from behind) with a stylus or craft knife. To ensure a clean fold, use a ruler to make an exact cut.

❼ 켄트지를 양 손에 잡고 도안을 따라 산접기, 골접기 부분을 접는다. 가운데 부분부터 접기 시작하며 정밀한 부분은 핀셋을 사용하여 접는다.

* To begin folding, take the kent paper in both hands, one on either side of the center line, and bend up the top half of the paper to bring out the cut portions for folding. Use tweezers as necessary to pull out the detailed parts for folding.

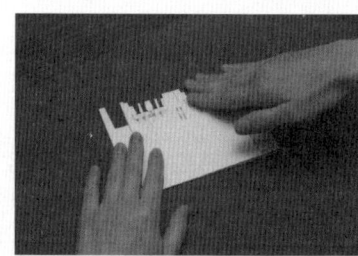

❽ 마지막으로 반으로 반듯하게 접은 뒤 90°로 펼치면 완성.

* Finally, fold it completely in half and sharpen the folds. Open it 90° to see the finished model.

신(新) 90°작품 만들기
13 베를린 박물관 섬의 구 박물관

준비 도구
흰색 켄트지 (약 22cm×16cm) 2장

How to Create the New 90°-angle Model
13 Altes Museum, Museum Island, Berlin
Requires two sheets of white Kent (construction) paper, about 22cm×16cm.

❶ 도안 A와 B를 복사해서 각각 켄트지 위에 올린다. 용지와 도안이 움직이지 않도록 네 모서리에 임시로 드래프팅 테이프를 붙인다.

* Copy patterns A and B. Place each of the copies you have made on a sheet of Kent paper, taping them at the corners with drafting tape to hold them in place.

❷ 철필로 도안 윗부분부터 산접기 선, 골접기 선의 점선을 따라 구멍을 내어 표시한다.

* Mark the extreme ends of the ridge lines and valley lines by making pinpricks through the pattern with a stylus.

❸ 종이를 빛에 비추어 모든 점선에 표시가 끝났는지 확인한 후 다용도 칼로 도안 윗부분부터 자르는 선(실선)을 따라 자른다. 이때 자르는 부분이 짧은 곳부터 자르기 시작한다. 밑의 켄트지까지 종이 두 장(도안과 켄트지)을 한 번에 잘라야 하므로 어느 정도 힘을 가해서 자른다.

* Hold the taped papers up to the light to confirm that pinpricks are made at all the necessary points. Next cut along the cutting lines directly through the pattern, with a craft knife, beginning with the small cutout portions. Apply enough pressure when cutting to cut cleanly through both the pattern and Kent paper.

❹ 자르는 선과 잘라 내기 부분을 모두 잘라내면 철필로 도안의 네 모서리 부분에 구멍을 내어 표시한다.

* After cutting all cutting lines and cutouts, make pinpricks at the corners of the card outline with a stylus.

❺ 켄트지에서 도안을 떼어낸 후 눈금자를 대고 네 모서리의 구멍들을 연결하여 잘라낸다.

* Remove the pattern from the Kent paper, align your ruler with the pinpricks at the four corners and cut the card outline.

❻ 접기 쉽도록 철필 혹은 다용도 칼로 산접기 선과 골접기 선 부분을 반쯤 베어낸다는 생각으로 선을 긋는다. 눈금자를 사용하여 산접기 부분은 앞면에, 골접기 부분은 뒷면에 반듯하게 선을 그어 두면 깔끔하게 접을 수 있다.

* In order to make folding easier, cut half-way into the paper along the ridge fold lines (from the front) and valley fold lines (from behind) with a stylus or craft knife. To ensure a clean fold, use a ruler to make an exact cut.

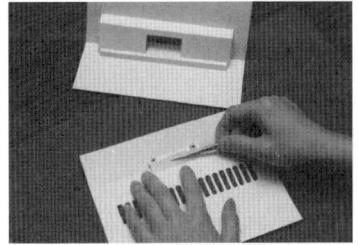

❼ 켄트지를 양 손에 잡고 도안을 따라 산접기, 골접기 부분을 접는다. 가운데 부분부터 접기 시작하며 정밀한 부분은 핀셋을 사용하여 접는다.

* To begin folding, take the kent paper in both hands, one on either side of the center line, and bend up the top half of the paper to bring out the cut portions for folding. Use tweezers as necessary to pull out the detailed parts for folding.

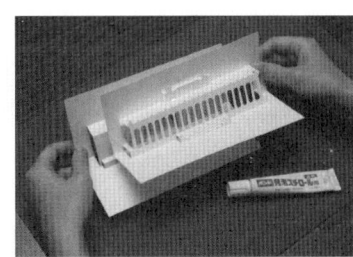

❽ 완성된 작품 A를 90°로 펼쳐서 작품 B 위에 올린다. 2개의 작품이 움직이지 않도록 몇 군데에 가볍게 풀칠한다.

* Place completed model A, open to 90°, over model B. Glue lightly where necessary to secure the two models to each other.

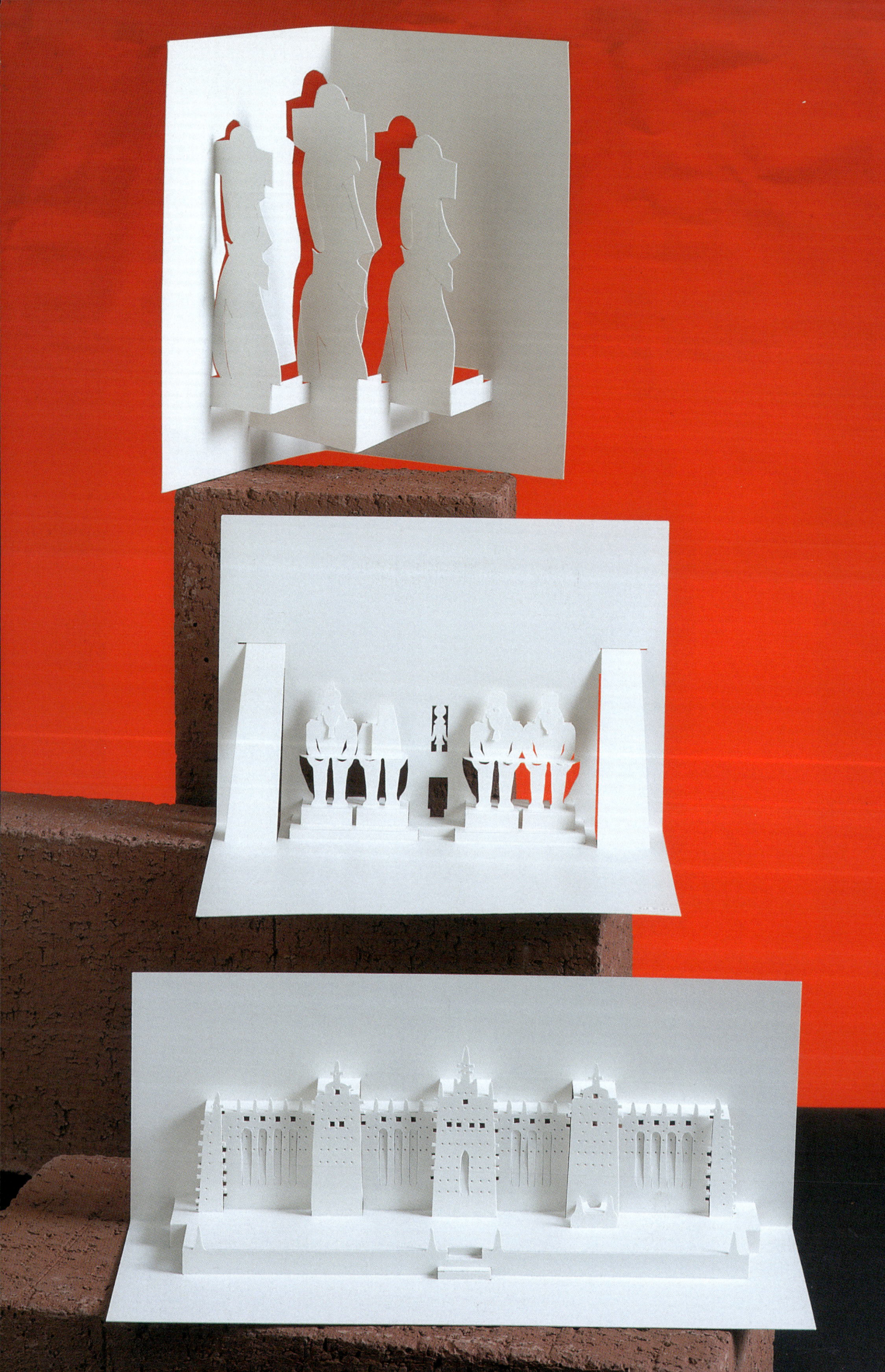

목차
Contents

서문 Preface | 3

종이접기 입문: 준비 도구와 종이 Getting Started in Origamic Architecture : Tools and Paper | 5

90°작품 만들기 How to create the 90°-angle Model | 6

신(新) 90°작품 만들기 How to Create the New 90°-angle Model | 7

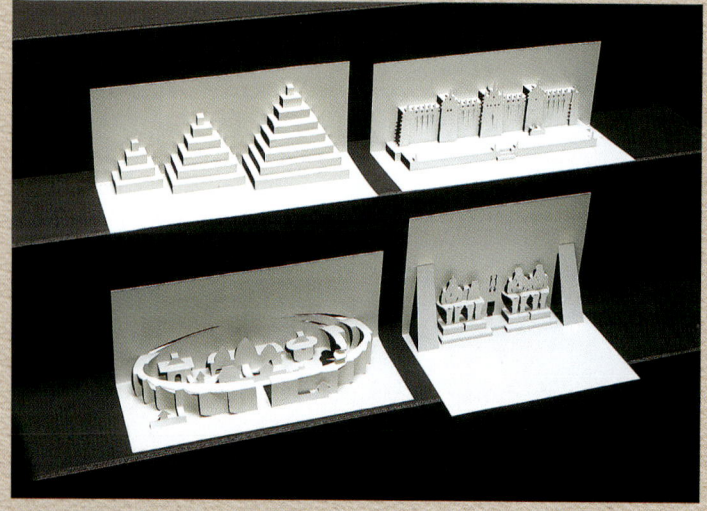

아프리카 Africa

1. **피라미드** | 이집트
   Pyramids(Egypt)
2. **아부심벨 신전** | 이집트
   Abu Simbel Temple (Egypt)
3. **대 짐바브웨 유적** | 짐바브웨
   Great Zimbabwe National Monument (Zimbabwe)
4. **젠네 모스크** | 말리
   The Great Mosque of Djenné (Mali)

유럽 Europe

5 알베로벨로의 트룰로 | 이탈리아
  The Trulli of Alberobello(Italy)
6 산타마리아 델피오레 대성당 | 이탈리아
  Santa Maria del Fiore(Italy)
7 빌라 로톤다 | 이탈리아
  Villa Rotonda(Italy)
8 벨렘탑 | 포르투갈
  Belém Tower(Portugal)
9 에펠탑 | 프랑스
  Eiffel Tower(France)
10 노트르담 대성당 | 프랑스
  Notre-Dame Cathedral(France)
11 웨스트민스터 대성당 | 영국
  Westminster Abbey(United Kingdom)
12 아이언브리지 | 영국
  Ironbridge(United Kingdom)
13 베를린 박물관 섬의 구 박물관 | 독일
  Altes Museum, Museum Island, Berlin(Germany)

14 릴라 수도원 | 불가리아
  Rila Monastery(Bulgaria)
15 자하리아스 광장 | 체코
  Square of Zacharias Renaissance Houses(Czech Republic)
16 파르테논 신전 | 그리스
  Parthenon(Greece)
17 메테오라 수도원 | 그리스
  Meteora Monastery(Greece)
18 키시 섬의 예수변모교회 | 러시아
  Transfiguration Church of Kizhi Island(Russia)

아시아 Asia

19 아야소피아 | 터키
  Hagia Sofia(Turkey)
20 카파도키아 동굴 교회 | 터키
  Cappadocia Church(Turkey)
21 하트라 | 이라크
  Hatra(Iraq)
22 시밤 고대 성곽도시 | 예멘
  Old Walled City of Shibam(Yemen)
23 타지마할 | 인도
  Taj Mahal(India)
24 앙코르와트 | 캄보디아
  Angkor Wat(Cambodia)
25 보로부두르 사원 | 인도네시아
  Borobudur TempleCompounds (Indonesia)
26 만리장성 | 중국
  Great Wall of China(China)
27 포탈라궁 | 중국
  Potala Palace(China)
28 창덕궁 | 대한민국
  Changdeok Palace(Republic of Korea)
29 종묘 | 대한민국
  Jongmyo Shrine(Republic of Korea)

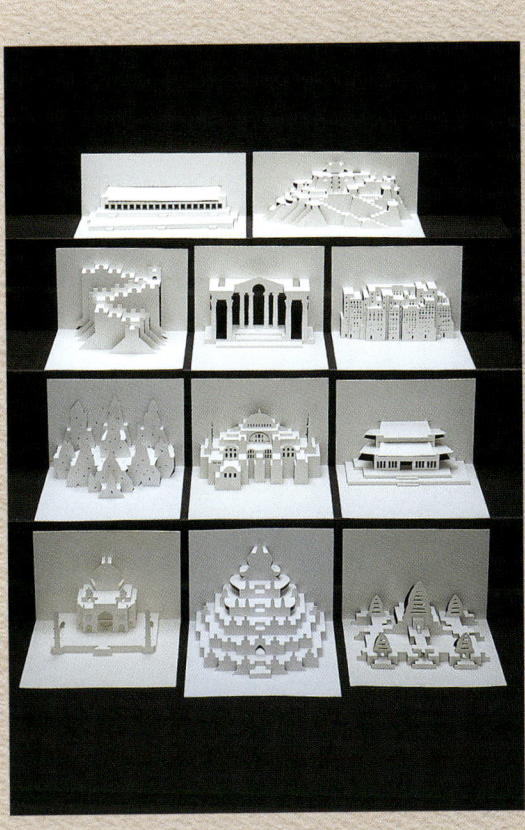

아시아 Asia

- 30 히메지조 | 일본
  Himeji-jo(Japan)
- 31 기요미즈데라 | 일본
  Kiyomizu Temple(Japan)
- 32 긴카쿠지 | 일본
  Ginkakuji(Japan)
- 33 뵤도인 호오도 | 일본
  Phoenix Hall of Byodo-in(Japan)
- 34 도지 고쥬노토 | 일본
  Toji Five-storied Pagoda(Japan)
- 35 도다이지 난다이몬 | 일본
  Todaiji Great South Gate(Japan)
- 36 갓쇼즈쿠리 역사마을 | 일본
  Historic Villages of Shirakawa-go and Gokayama(Japan)
- 37 슈리조 | 일본
  Shuri Castle(Japan)

남북아메리카 North and South America

- 38 자유의 여신상 | 미국
  Statue of Liberty(United States)
- 39 타오스 푸에블로 | 미국
  Taos Pueblo(United States)
- 40 마법사의 피라미드 | 멕시코
  Pyramid of the Magician(Mexico)
- 41 아바나 대성당 | 쿠바
  Cathedral de la Havana(Cuba)
- 42 산 니콜라스 데 바리 병원 | 도미니카 공화국
  San Nicolás de Bari Hospital(Dominican Republic)
- 43 마추픽추 | 페루
  Machu Picchu(Peru)
- 44 모아이 | 칠레
  Moais(Chile)
- 45 브라질 국회의사당 | 브라질
  Congress Building, Brasilia(Brazil)

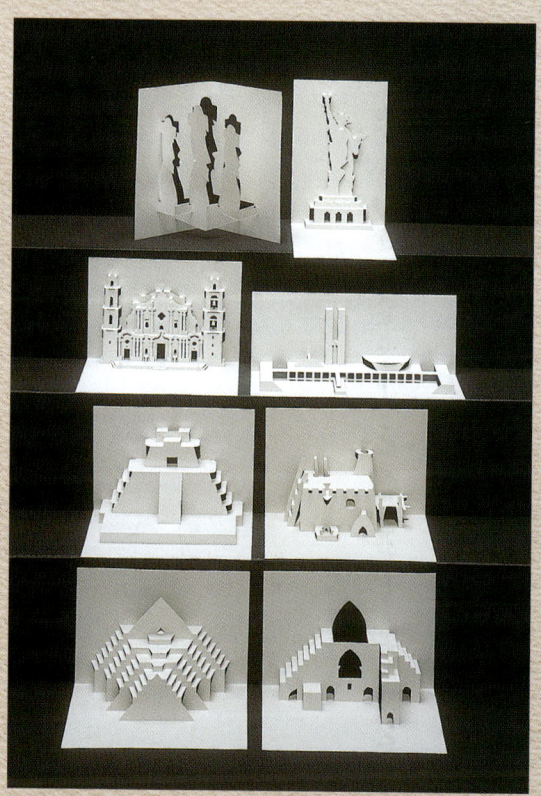

이 책의 세계유산명·등록년도 World Heritage Sites Appearing in This Book: Official Name and Year of Registration | 111
후기 Postscript | 115

1 피라미드 | 이집트
Pyramids | Egypt

• 난이도: ★

이집트 기자의 3대 피라미드는 풍화가 심하기 때문에 직접 오르기 어렵다. 그래서 인공위성을 이용해 피라미드의 상태 악화를 살펴보기도 한다. 어느 것과도 비교할 수 없는 피라미드의 균형감과 단순함은 시공을 초월하여 우리의 마음을 사로잡는다.

The three great Giza pyramids have weathered badly of late, making them difficult to climb. Satellites are therefore used in researching their deteriorating condition. The supreme simplicity and unrivaled balance of the pyramid's from have captured the human imagination throughout the ages.

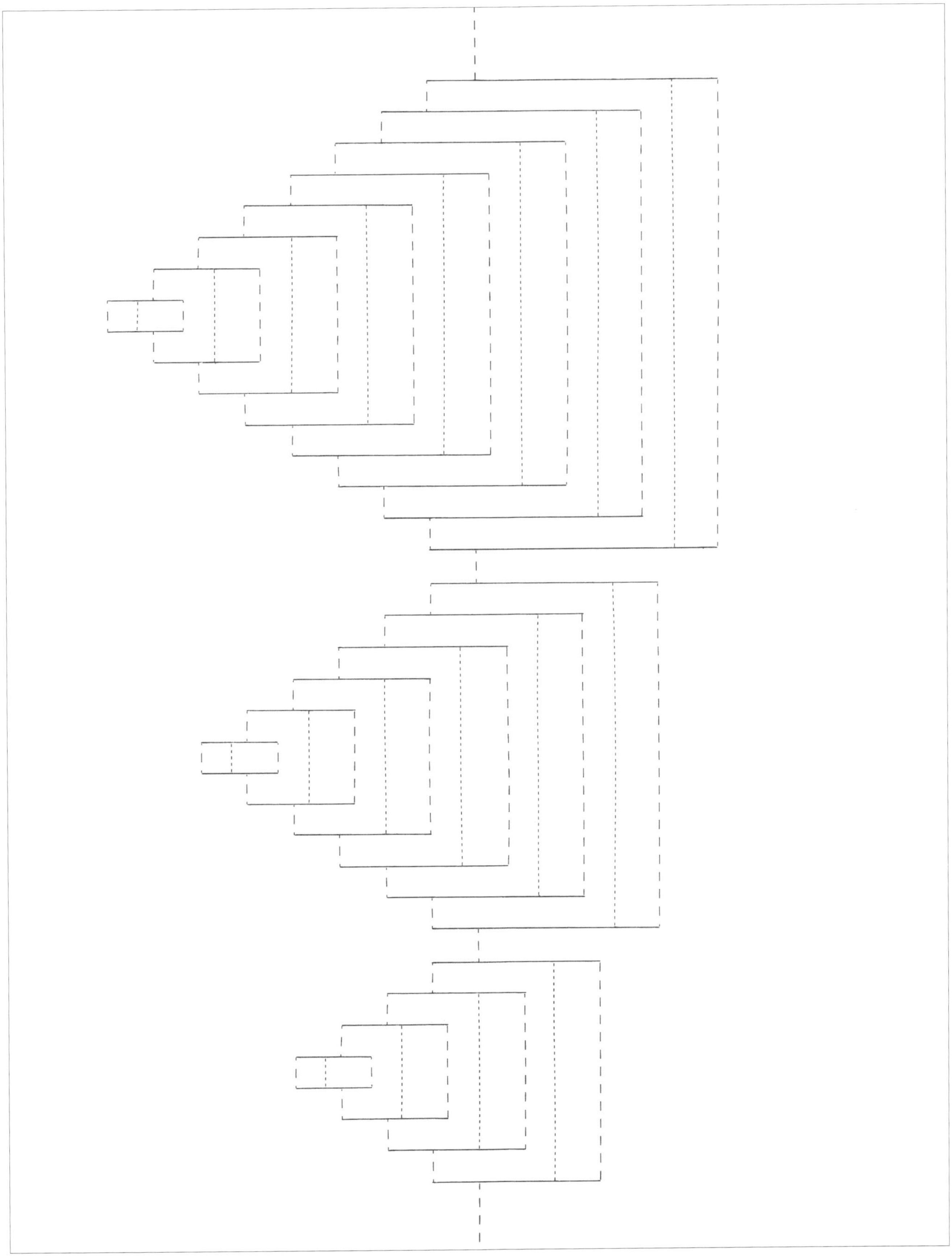

------ 산접기 선 Ridge fold line   - - - 골접기 선 Valley fold line   ——— 자르는 선 Cutting line

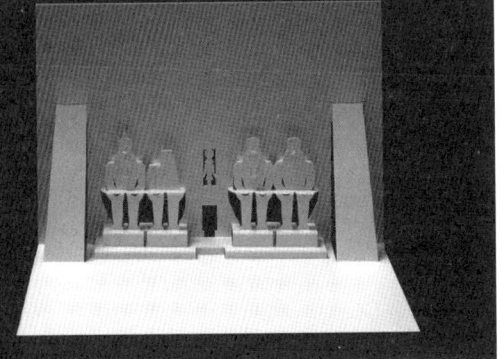

2 아부심벨 신전 | 이집트
Abu Simbel Temple | Egypt

• 난이도: ★★

기원전 1250년 경, 암벽을 뚫어 건립한 이 유적은 나일강 상류에 아스완 댐이 건설되던 1960년대 수몰 위기에 놓였다. 그러자 유네스코는 신전의 보존을 위해 대대적인 이전 프로젝트를 시행했고, 그 결과 1968년 고대와 현대의 공생이 실현되었다.

These temples, carved from rock cliffs in BC 1250, were nearly submerged in the 1960's due to Aswan Dam construction. At UNESCO's behest, a giant project was undertaken to relocate the entire site, and in 1968 the ancient past attained coexistence with the present.

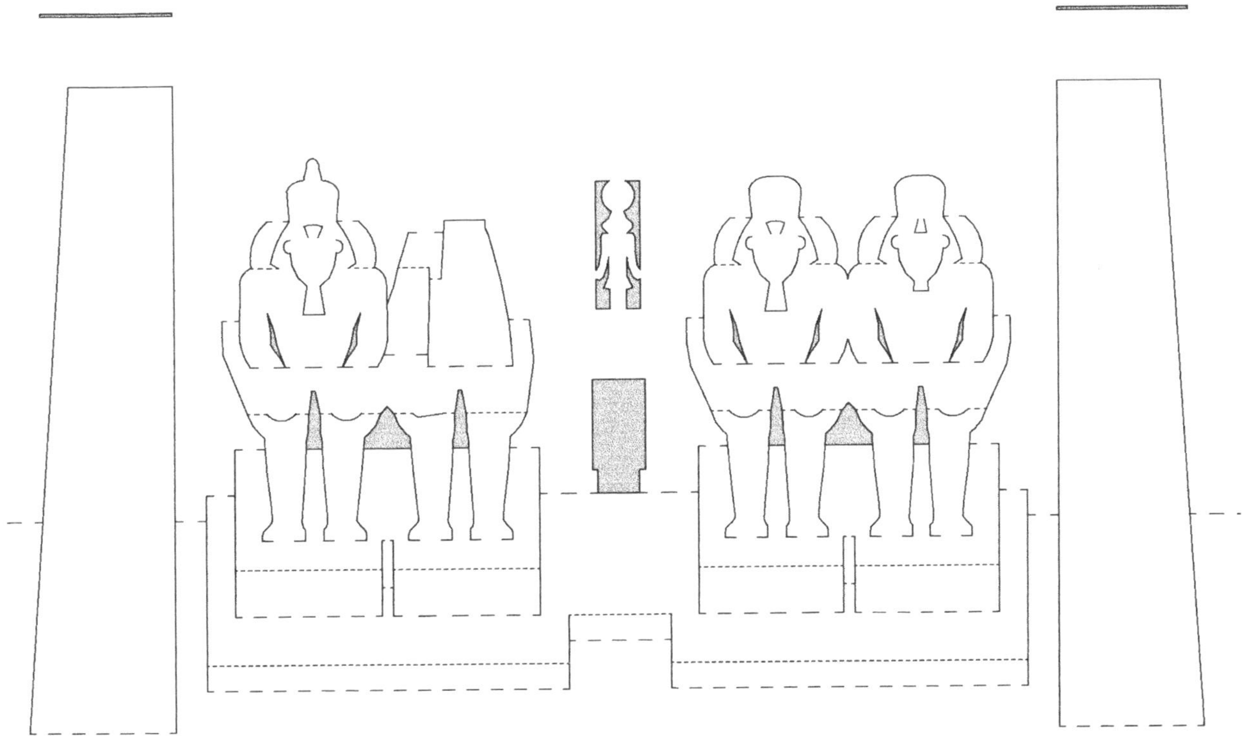

아프리카 Africa

------ 산접기 선 Ridge fold line   - - - 골접기 선 Valley fold line   ——— 자르는 선 Cutting line   ▓▓ 잘라내기 Cutout

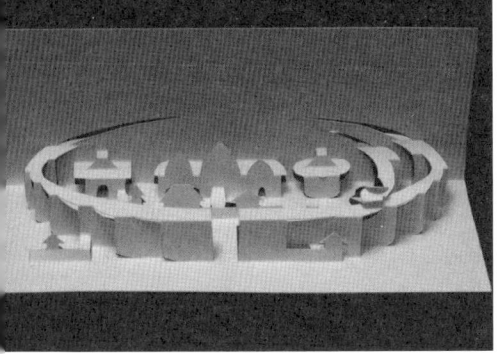

3 대 짐바브웨 유적 | 짐바브웨
Great Zimbabwe National Monument | Zimbabwe

• 난이도: ★★★

'짐바브웨'라는 이름은 원래 쇼나어로 '돌집'을 가리키는 말에서 유래된다. 대 짐바브웨는 사하라 사막 이남의 아프리카에서 최대 유적지이며, 크게 언덕 위의 '아크로폴리스'와 10미터 높이의 성벽으로 둘러싸인 '신전', 그리고 계곡 안의 '주거단지'의 세 부분으로 구성되어 있다.

The name Zimbabwe derives from the Shona term for "great stone house." These ruins, the largest in Sub-Saharan Africa, consist of three distinct architectural groups: an acropolis on a hill, a shrine within 10m stone walls, and a valley complex of residences.

------ 산접기 선 Ridge fold line   - - - 골접기 선 Valley fold line   —— 자르는 선 Cutting line

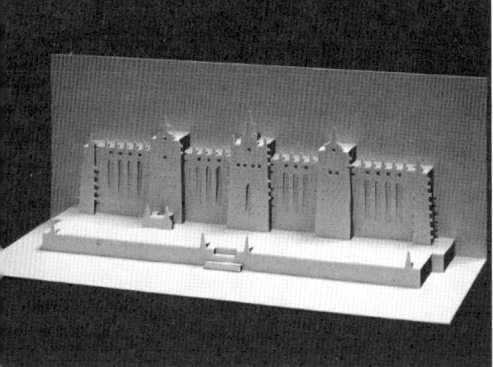

4 젠네 모스크 | 말리
The Great Mosque of Djenné | Mali

• 난이도: ★★★★★

젠네는 고대 서아프리카의 도시인 통북투와 중앙아프리카를 연결하는 무역의 중심지였다. 대 모스크를 비롯한 시가지 전체가 세계유산으로 지정되어 있다. 매년 우기가 다가오면 주민 모두가 모스크의 토벽을 다시 바르며 보수 작업을 한다.

Djenné was a trade center linking central Africa with the ancient West African city of Tombouctou. The entire old city around the Great Mosque is a registered World Heritage site. The Mosque's mud walls are annually re-coated by nearby residents ahead of the rainy season.

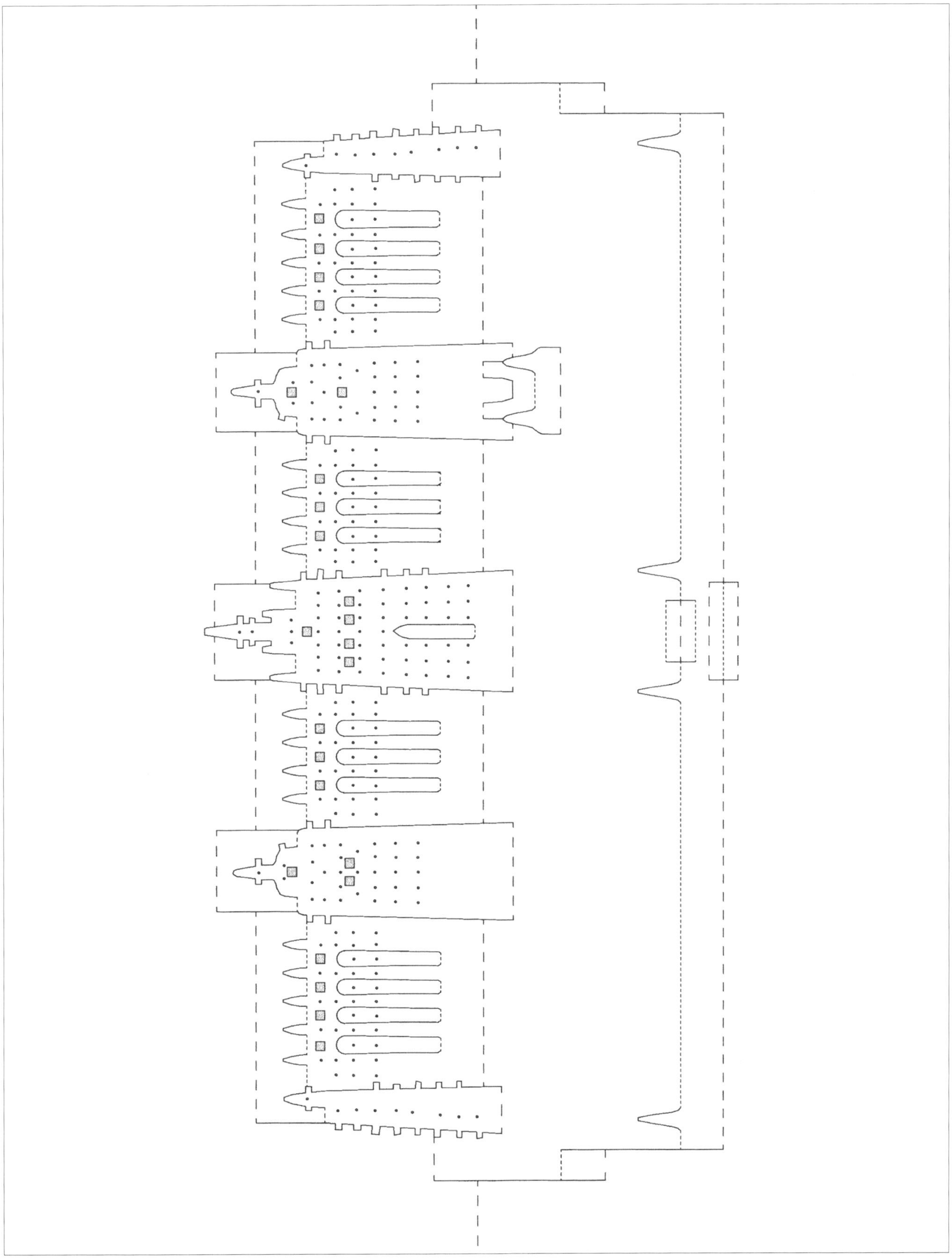

------ 산접기 선 Ridge fold line   --- 골접기 선 Valley fold line   ——— 자르는 선 Cutting line   ▓▓ 잘라내기 Cutout

5 알베로벨로의 트룰로 | 이탈리아
The Trulli of Alberobello | Italy

• 난이도: ★★

'숲의 여신'을 뜻하는 '트룰로'는 원뿔 모양으로 쌓아 올린 석회암 지붕으로 구성된 주거지이다. 이 돌집들은 광장의 양쪽으로 파도 모양처럼 줄지어 서 있다. 최근에는 기념품점, 숙박 시설, 식당 등을 갖춘 곳도 있다.

"Trulli," a name perhaps meaning "forest goddess," have roofs of limestone rocks stacked in a conical form. These stone houses stand side by side, forming a wave-like procession up the slope, on either side of the square. Some now contain gift shops, inns, or restaurants.

------ 산접기 선 Ridge fold line   --- 골접기 선 Valley fold line   ——— 자르는 선 Cutting line

6 산타마리아 델피오레 대성당 | 이탈리아
Santa Maria del Fiore | Italy

• 난이도: ★★★

이 거대하고 아름다운 돔형 지붕을 갖춘 고딕 양식의 성당은 15세기 중반에 완성되었다. 기술적 문제를 극복하고 내부와 외부의 균형을 고려한 새로운 형태가 실현되었다. 외관의 아름다움을 중시한 르네상스 정신은 이곳 피렌체에서 시작되었다.

An enormous, beautiful dome was completed on this Gothic cathedral in the mid-15th century. By overcoming technical limitations, a new overall building of balanced interior and exterior was achieved. Thus the Renaissance spirit, which valued exterior beauty, was born in Florence.

------ 산접기 선 Ridge fold line   - - - 골접기 선 Valley fold line   ——— 자르는 선 Cutting line   ▨ 잘라내기 Cutout

유럽 Europe

27

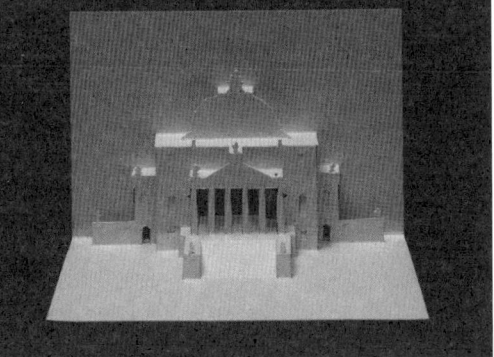

7 빌라 로톤다 | 이탈리아
Villa Rotonda | Italy

• 난이도: ★★

르네상스 후기 건축가 안드레아 팔라디오는 자신의 작품집 《건축사서》를 통해 세계 최초로 팔라디안 스타일을 창조했다. '영국 왕립 건축가 협회'의 별관에서 봤던 그가 남긴 400년 전 도면 위의 섬세한 선들에 감동을 받았다.

The late-Renaissance architect Andrea Palladio, creator of the Palladian style, was the world's first to compile his designs in a publication: The Four Books on Architecture. At annex to the Royal Institute of British Architects I savored his sensitive line on what looks like Japanese paper, in these 400-year-old drawings.

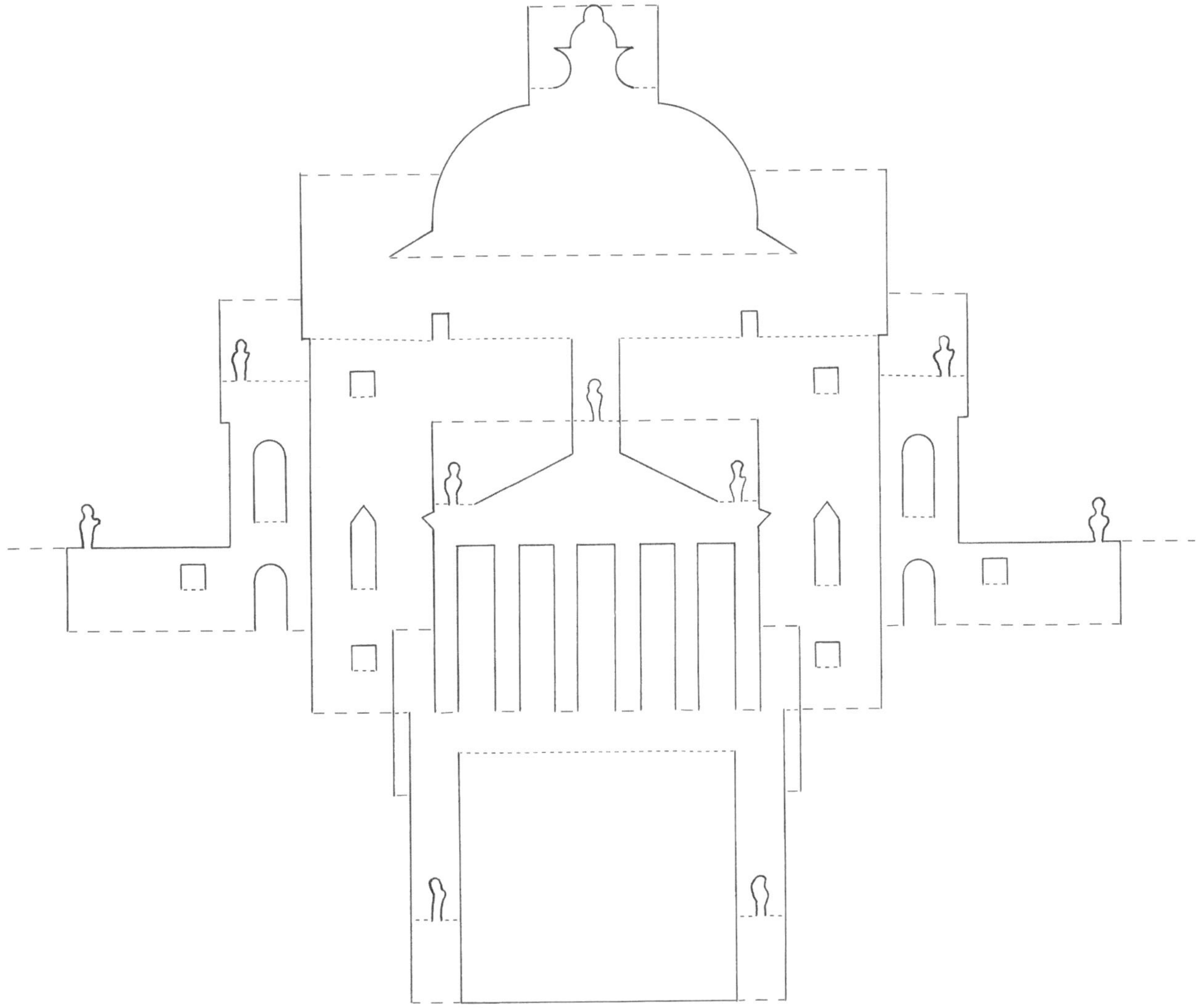

------ 산접기 선 Ridge fold line   - - - 골접기 선 Valley fold line   ——— 자르는 선 Cutting line

8 | 벨렘탑 | 포르투갈
Belém Tower | Portugal

• 난이도: ★★★★

제로니무스 수도원과 벨렘탑은 해양 왕국 포르투갈의 기초를 세운 엔히크 왕자와 인도 항로의 개척자인 바스코 다 가마의 업적을 기리기 위해 건립되었으며, 동서 무역이 번성하던 포르투갈의 황금기를 기념하는 건물이다.

Jerónimos Monastery and Belém Tower commemorate the achievements of Henry the Navigator, who established Portugal as a major sea power, and Vasco da Gama, who discovered a sea route to India. They are elegant monuments to Portugal's glory years of power and wealth.

유럽 Europe

------ 산접기 선 Ridge fold line   - - - 골접기 선 Valley fold line   ——— 자르는 선 Cutting line   ▨ 잘라내기 Cutout

9 | 에펠탑 | 프랑스
Eiffel Tower | France

• 난이도: ★★

에펠탑은 파리의 센 강변에 서 있는 거대한 철탑으로 밑으로 넓게 퍼진 네 개의 다리가 몸체를 지탱하고 있다. 또한 '철의 레이스 세공'으로 불리는 섬세하고 기하학적인 철골 조합과 아래 부분이 개방되어 있어 광장으로 쓰이고 있는 탑의 구성이 아름다운 실루엣을 자아낸다.

Only four broadening legs support this colossal tower standing near the Seine River in Paris. The beauty of its silhouette derives from its delicate, geometric steel assemblies, known as "iron lace," and its open base with space for a plaza.

유럽 Europe

- ----- 산접기 선 Ridge fold line
- - - - 골접기 선 Valley fold line
- ——— 자르는 선 Cutting line
- ▨ 잘라내기 Cutout

15cm

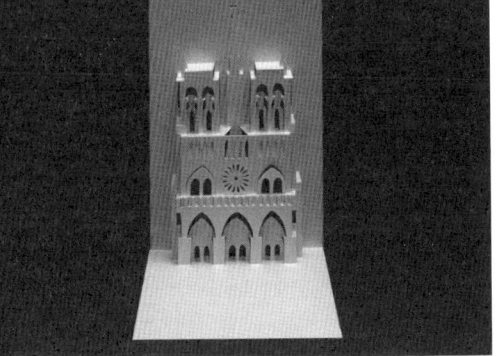

10 노트르담 대성당 | 프랑스
Notre-Dame Cathedral | France

• 난이도 : ★★★★★

파리에 가면 반드시 노트르담의 장미창 스테인드글라스를 보러 간다. 여느 성당과 마찬가지로 좁은 계단을 걸어올라 옥상에 서면 여러 가지 돌조각들과 함께 도시 전체가 한 눈에 들어오는 멋진 경관을 볼 수 있다. 가장 아름다운 고딕 성당이다.

Whenever in Paris, I go to see the stained glass of Notre-Dame's rose windows. As in other cathedrals, one can climb a narrow stairway to the roof to admire its sculptures and stonemasonry while enjoying panoramic city views. The most beautiful Gothic cathedral.

유럽 Europe

------ 산접기 선 Ridge fold line
- - - 골접기 선 Valley fold line
―― 자르는 선 Cutting line
▨ 잘라내기 Cutout

15cm

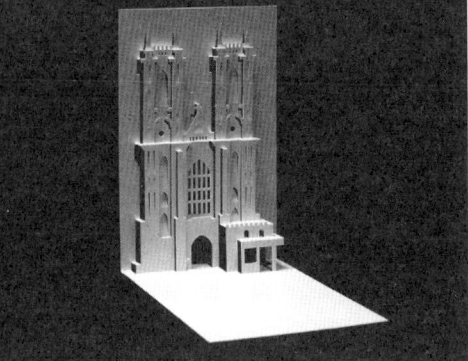

11 | 웨스트민스터 대성당 | 영국
Westminster Abbey | United Kingdom

• 난이도: ★★★★★

이 성당은 템스 강변 웨스트민스터 지구에 있는 영국 국회의사당과 세인트 마가렛 교회와 인접해있다. 역대 영국 국왕의 대관식이 행해지는 장소로 유명하다.

This abbey church, standing near the Houses of Parliament and Saint Margaret's Church in Westminster, a district on the Thames River, is famous as a place of coronation for English monarchs.

유럽 Europe

------ 산접기 선 Ridge fold line
- - - 골접기 선 Valley fold line
─── 자르는 선 Cutting line
▨ 잘라내기 Cutout

15cm

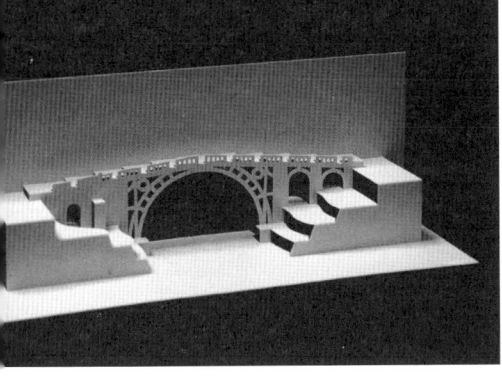

12 | 아이언브리지 | 영국
Ironbridge | United Kingdom

• 난이도: ★★★★★

아이언브리지는 1779년 산업 혁명기에 버밍엄 서부의 세번 강 계곡에 세워진 다리로 세계에서 가장 오래된 철교이다. 철의 시대의 막을 연 지역이라는 데서 '아이언브리지 계곡'이라는 이름으로 등록되어 있다.

The world's oldest cast-iron bridge, ironbridge was built across the Severn River Gorge, west of Birmingham, in 1779 during the industrial revolution. The region is registered under the name "Ironbridge Gorge" as the cradle of the steel age.

------ 산접기 선 Ridge fold line --- 골접기 선 Valley fold line ——— 자르는 선 Cutting line ▨ 잘라내기 Cutout

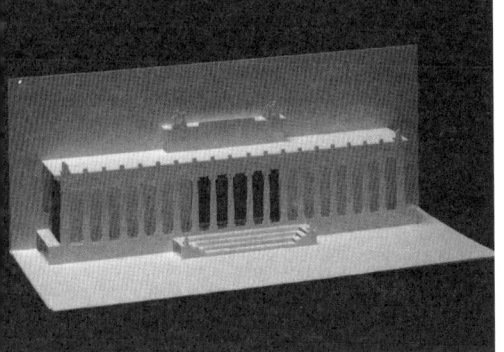

13 | 베를린 박물관 섬의 구 박물관 | 독일
Altes Museum, Museum Island, Berlin | Germany

• 난이도: ★★★★★

구 박물관은 19세기 독일을 대표하는 건축가 카를 싱켈의 작품으로 가장 아름다운 신고전주의 박물관으로 불린다. 싱켈의 조각상은 섬과 박물관을 연결하는 슐로스 다리 옆에서 독일 통일 이후에 복원된 박물관을 늘 지켜보고 있다.

The Altes Museum, designed by 19th century German architect Karl Friedrich Schinkel, is considered the finest museum in the neoclassic style. A statue of Schinkel beside Schlossbrücke Bridge watches over the Museum, which was renovated after Germany's reunification.

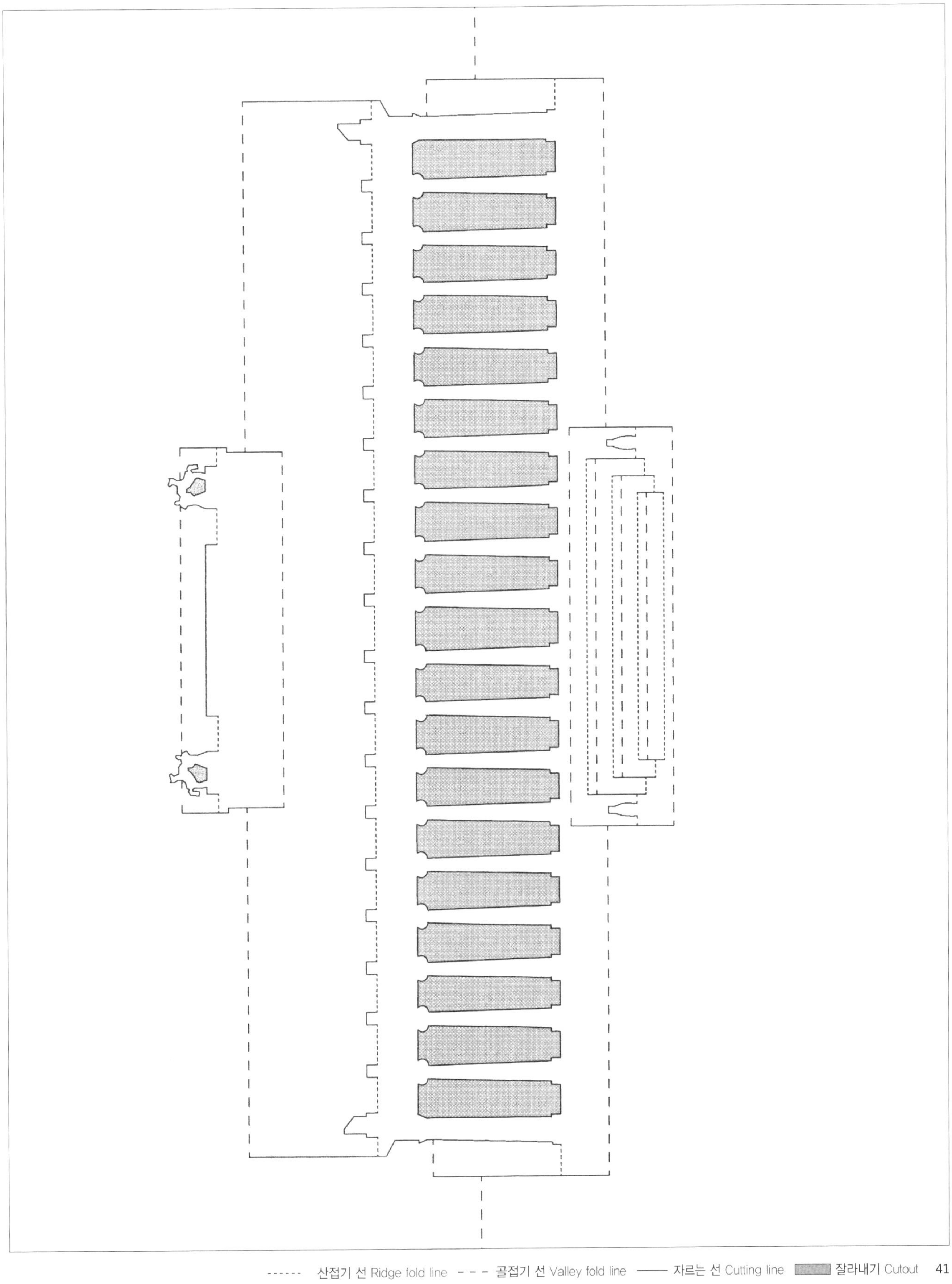

------ 산접기 선 Ridge fold line   - - - 골접기 선 Valley fold line   ——— 자르는 선 Cutting line   ▓▓▓ 잘라내기 Cutout

* 베를린 구 박물관은 두 장(41쪽, 43쪽)의 도면으로 이루어져 있습니다.

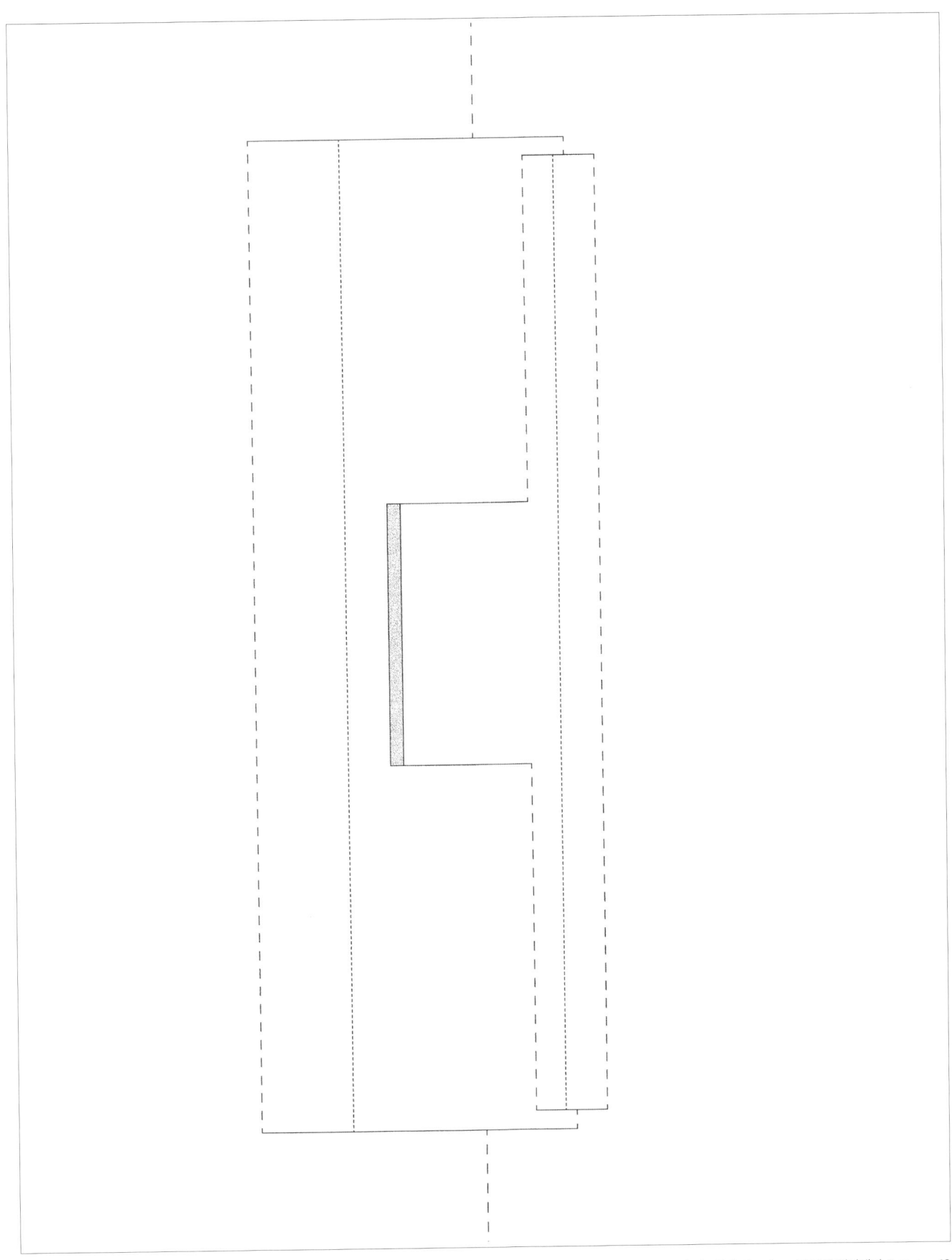

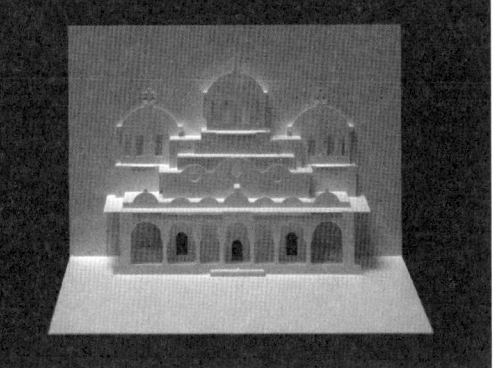

14 릴라 수도원 | 불가리아
Rila Monastery | Bulgaria

• 난이도: ★★★★

불가리아 정교회의 총본산인 릴라 수도원은 수도 소피아로부터 남쪽으로 약 120킬로미터 떨어진 해발 1,147미터의 릴라 산 속에 자리하고 있다. 릴라 수도원은 500년 동안의 오스만투르크 제국의 지배 기간 동안 수차례 역경을 극복하며 부흥한 불가리아인의 정신적 지주가 되고 있다.

This monastery, the head temple of Bulgaria's Orthodox Church, stands on 1,147m Rila Mountain, about 120km south of Sofia, the capital. Today, it symbolizes the enduring spirit of the Bulgarians, who have surmounted tremendous hardship, including 500 years of occupation by the Ottoman Empire.

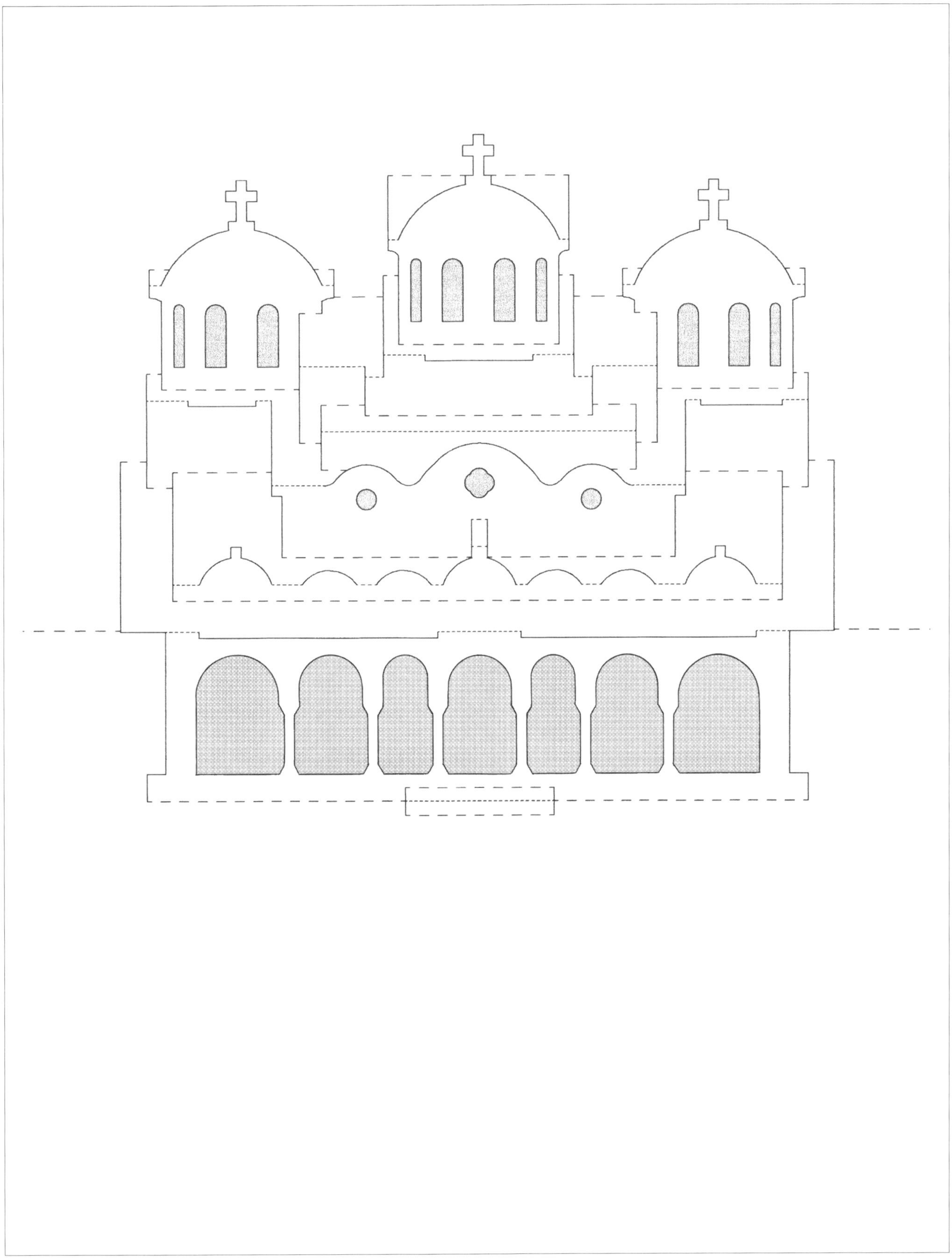

------ 산접기 선 Ridge fold line   - - - 골접기 선 Valley fold line   ——— 자르는 선 Cutting line   ▨ 잘라내기 Cutout

* 릴라 수도원은 두 장(45쪽, 47쪽)의 도면으로 이루어져 있습니다.

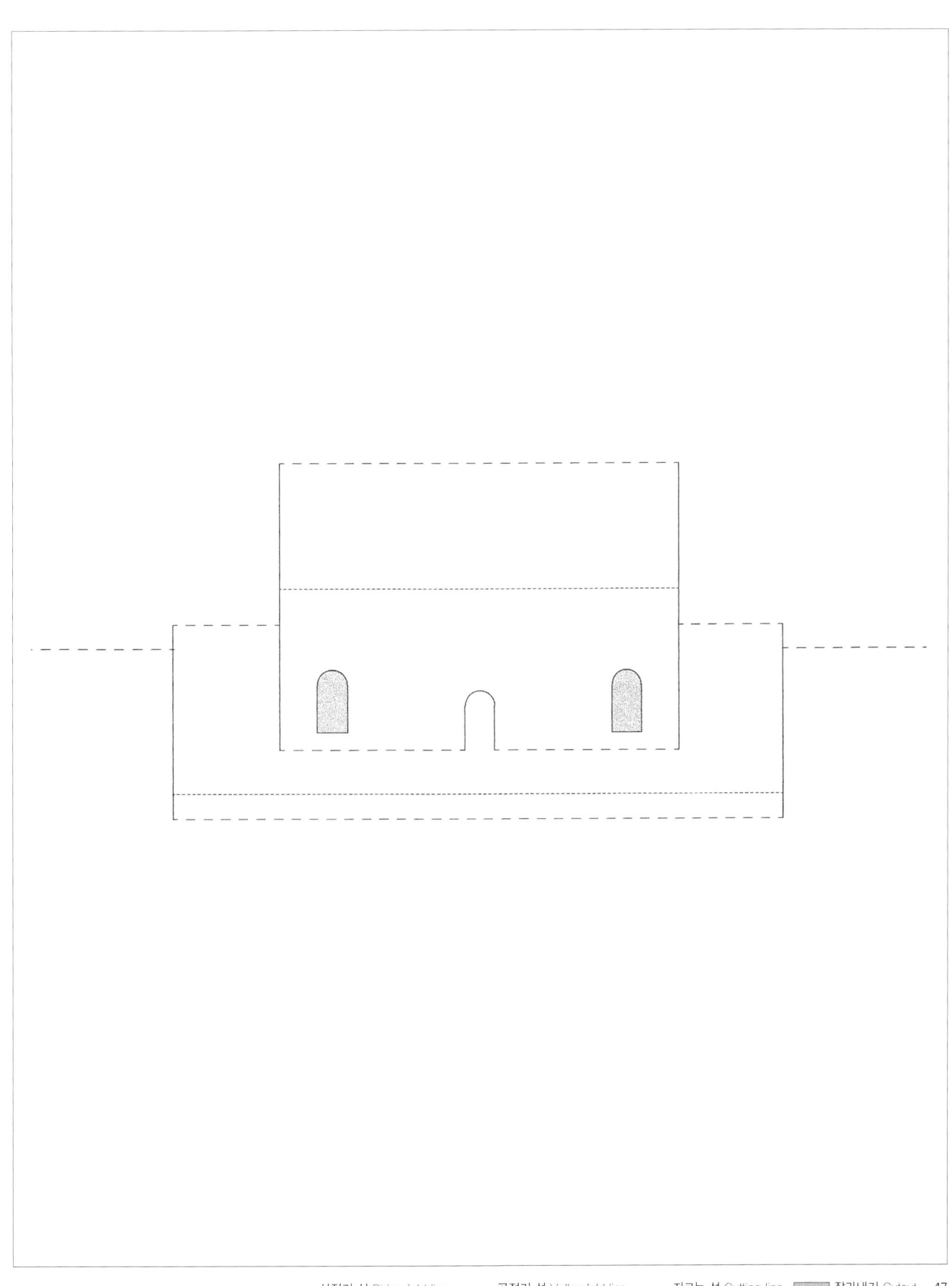

------ 산접기 선 Ridge fold line   - - - 골접기 선 Valley fold line   ——— 자르는 선 Cutting line   잘라내기 Cutout

15 자하리아스 광장 | 체코
Square of Zachariás Renaissance Houses | Czech Republic

보헤미아 남쪽 지방의 작은 마을 텔치는 1530년 화재로 초토화되었다. 그러나 복원 과정에서 시장의 지시에 따라 광장을 향해 있는 모든 건물들이 르네상스 양식과 초기 바로크 양식으로 재건되었다.

The small town of Telc in the southern Bohemia region was destroyed by fire in 1530. In reconstructing, the mayor had all the buildings facing on the square rebuilt in the Renaissance and early Baroque styles.

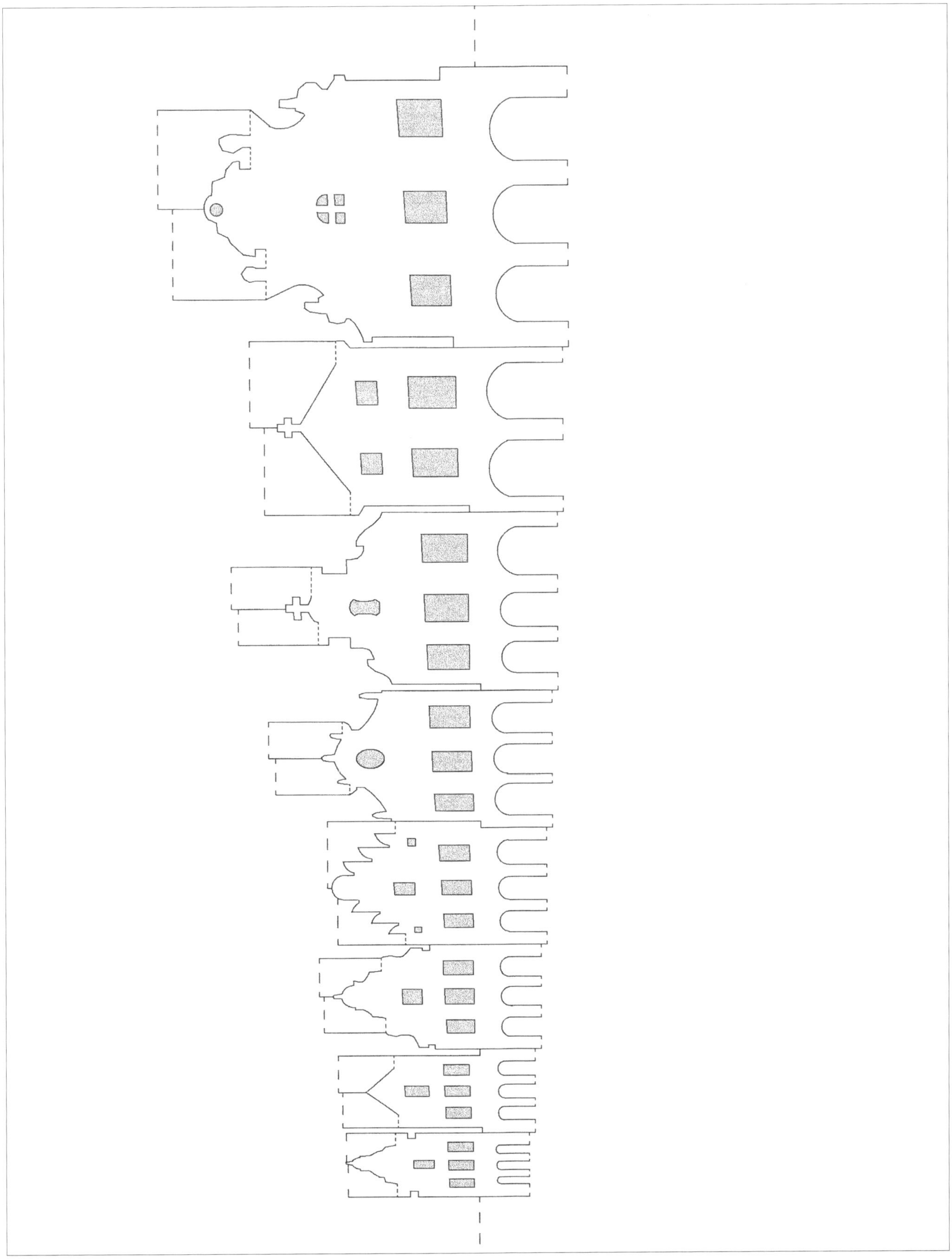

• 난이도: ★★★★

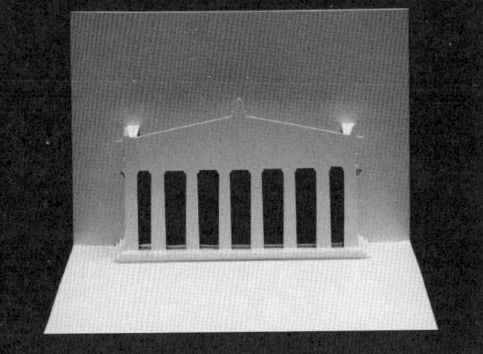

16 파르테논 신전 | 그리스
Parthenon | Greece

아테네의 중심 아크로폴리스에 있는 가장 아름다운 신전이다. 현재는 가까이에서 보는 것이 금지되어 있지만 예전에는 누구든지 기둥과 대리석을 만질 수 있었고, 온종일 앉아 있다가 저녁이 되면 분홍빛 석양을 바라볼 수 있었다.

A temple of paramount beauty, standing atop the Acropolis in central Athens. Hand rails keep viewers at a distance, these days, but formerly one could touch its pillars and marble interior and sit all day gazing until it turned rosy pink in the setting sun.

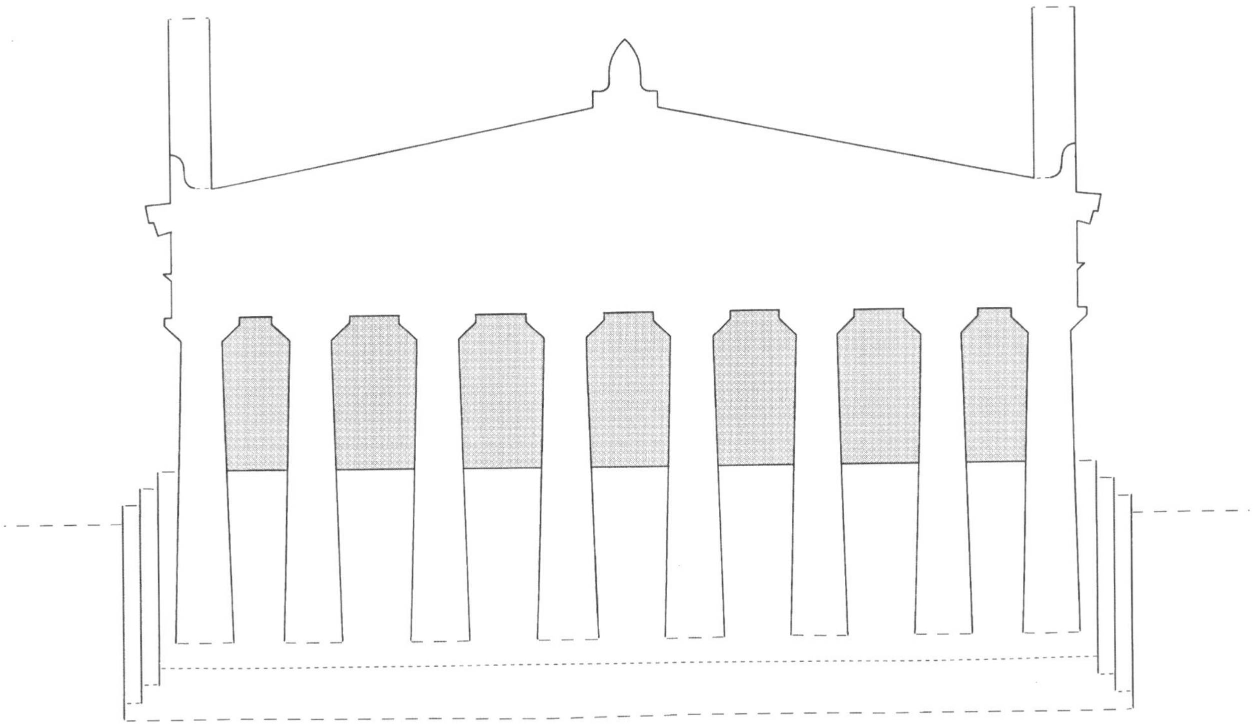

• 난이도: ★

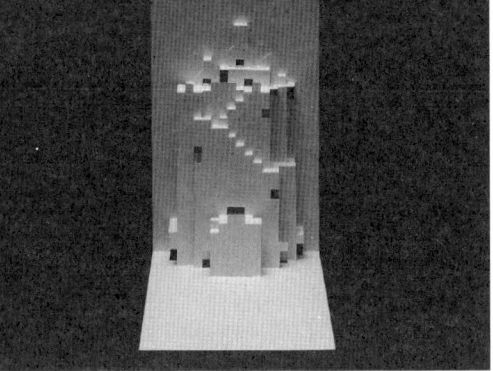

17 메테오라 수도원 | 그리스
Meteora Monastery | Greece

• 난이도: ★★

기독교가 탄압받던 9세기 무렵, 신과 가까운 장소로 여기던 바위 꼭대기에 지은 수도원이다. 과거에는 줄사다리를 이용하여 오르내렸다고 한다.

Meteora was founded as a hermitage, high atop a cliff close to god, during times of Christian persecution in the 9th century. From the ground, it could only be reached using rope ladders.

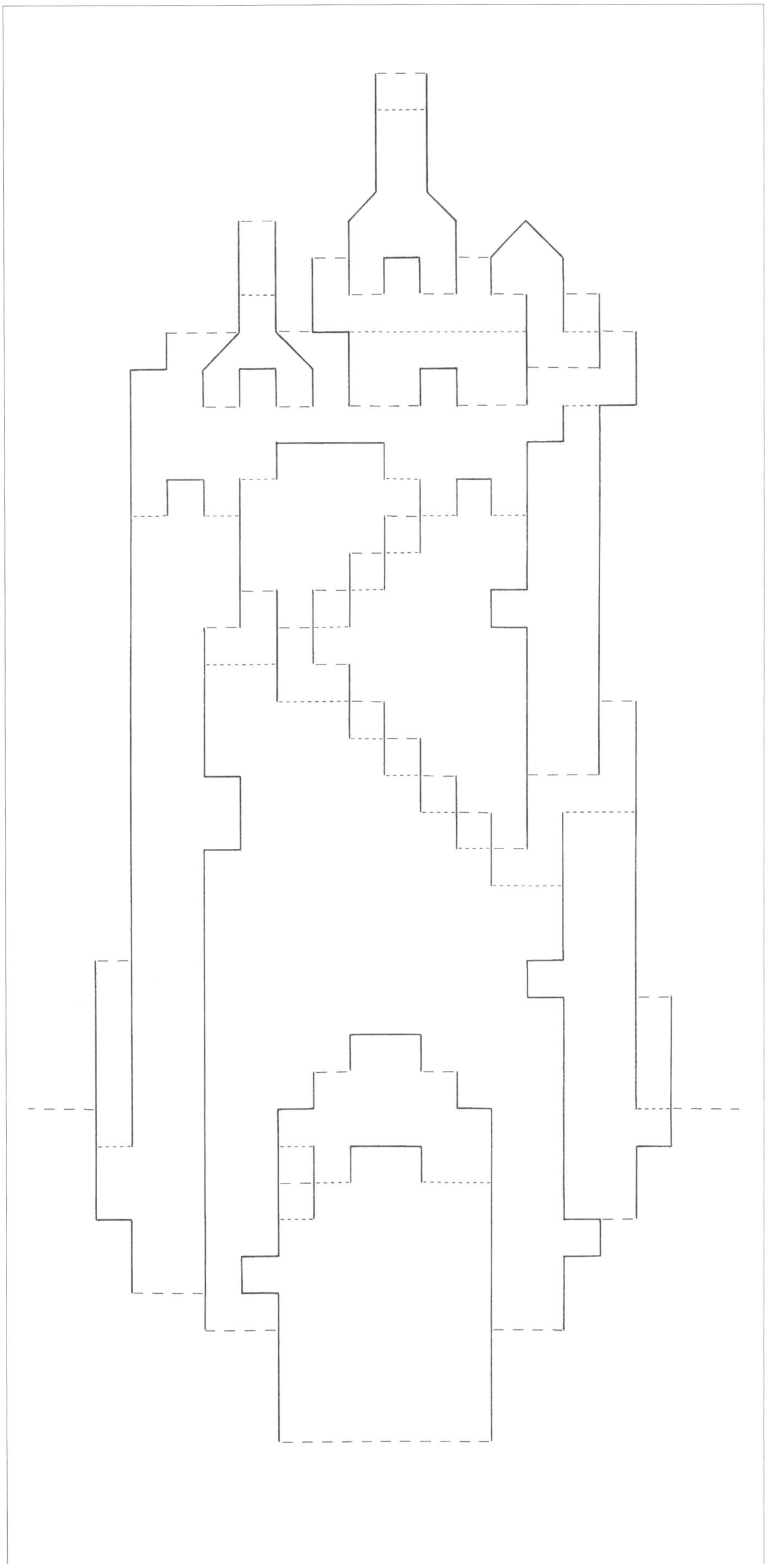

유럽 Europe

------ 산접기 선 Ridge fold line
- - - 골접기 선 Valley fold line
———— 자르는 선 Cutting line

15cm

18 | 키시 섬의 예수변모교회 | 러시아
Transfiguration Church of Kizhi Island | Russia

• 난이도: ★★★★

상트페테르부르크(구 레닌그라드)에서 북동쪽으로 약 300킬로미터 떨어진 오네가 호수에 있는 키시 섬은 러시아 전통 목조건물의 야외 박물관이다. 그 중에서도 양파 모양의 돔이 겹쳐져 있는 환상적인 예수변모교회는 전통을 계승해 온 장인들의 산물이다.

Kizhi Island in Onega lake, about 300km northeast of Saint Petersburg (formerly Leningrad) is an open-air museum of Russian traditional wooden buildings. Among them, the phantasmal Transfiguration Church, with its onion-shaped domes, is a legacy of traditional craftsman skills.

-------- 산접기 선 Ridge fold line
- - - 골접기 선 Valley fold line
———— 자르는 선 Cutting line
▨ 잘라내기 Cutout

15cm

• 난이도: ★★★★

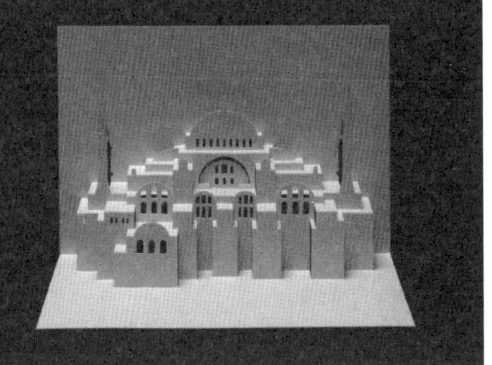

19 아야소피아 | 터키

Hagia Sofia | Turkey

이스탄불 역사지구에 있는 아야소피아는 360년에 신을 의미하는 '하기아 소피아(성스러운 예지)'에 바치려고 만들었다. 현재 남아있는 건물은 537년에 세워진 것으로 비잔틴 건축의 최고 걸작으로 꼽힌다.

Hagia Sofia, located in Istanbul's historical district, was first constructed as a temple devoted to Hagia (Saint) Sofia in 360, it is thought. The present building, a masterpiece of Byzantine architecture, dates from 537.

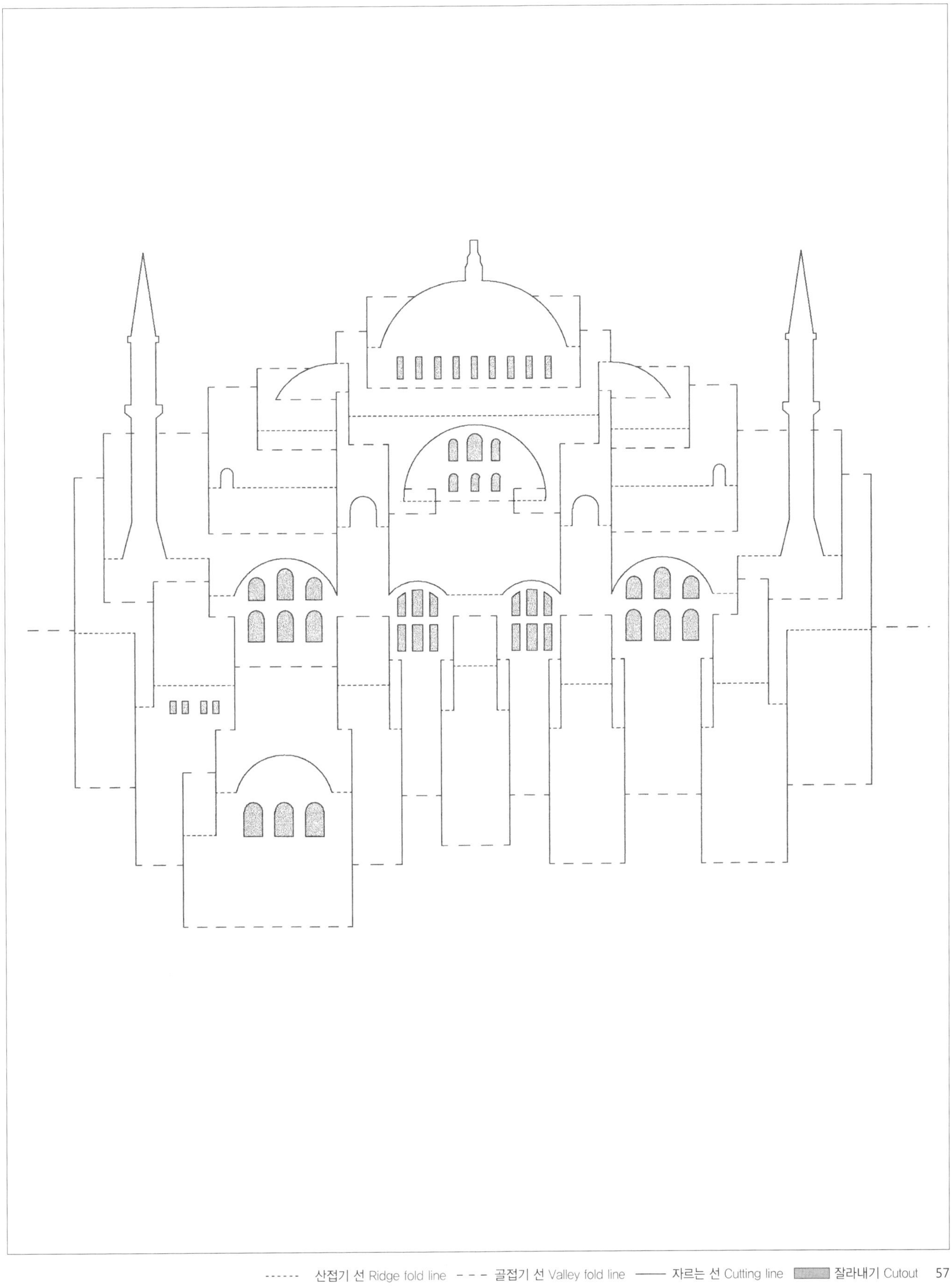

------ 산접기 선 Ridge fold line - - - 골접기 선 Valley fold line —— 자르는 선 Cutting line ▒ 잘라내기 Cutout

20 카파도키아 동굴 교회 | 터키
Cappadocia Church | Turkey

• 난이도: ★★

300만 년 전 화산 폭발로 대량 분출된 화산재가 퇴적되어 응회암 동굴이 만들어졌다. 이 동굴이 샘물과 빗물 등으로 오랜 세월 침식되어 수천 개의 기이한 바위들이 생기게 되었다. 더 놀라운 사실은 그 아래에 커다란 지하 도시가 형성되어 있다는 점이다.

Caves formed by layered volcanic ash accumulating during eruptions three million years ago were eroded by springwater and rain over great time, producing a scenery of bizarre rock figures. Even more astonishing, however, is the great city that was carved underground, below them.

----- 산접기 선 Ridge fold line   - - - 골접기 선 Valley fold line   ——— 자르는 선 Cutting line   ▦ 잘라내기 Cutout

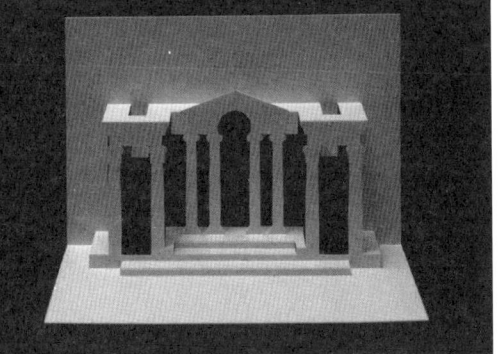

21 하트라 | 이라크
Hatra | Iraq

• 난이도: ★★

하트라는 이라크 북부에 있는 파르티아 시대의 도시 유적이다. 실크로드 카라반 무역의 중심지로 발전했고, 이후 로마 제국과의 전쟁 시 군사거점 역할을 했다.

Hatra is the ruins of a Parthian-age city located in northern Iraq. Hatra developed as a caravan post on the Silk Road and later flourished as a military base for conducting wars with the Roman Empire.

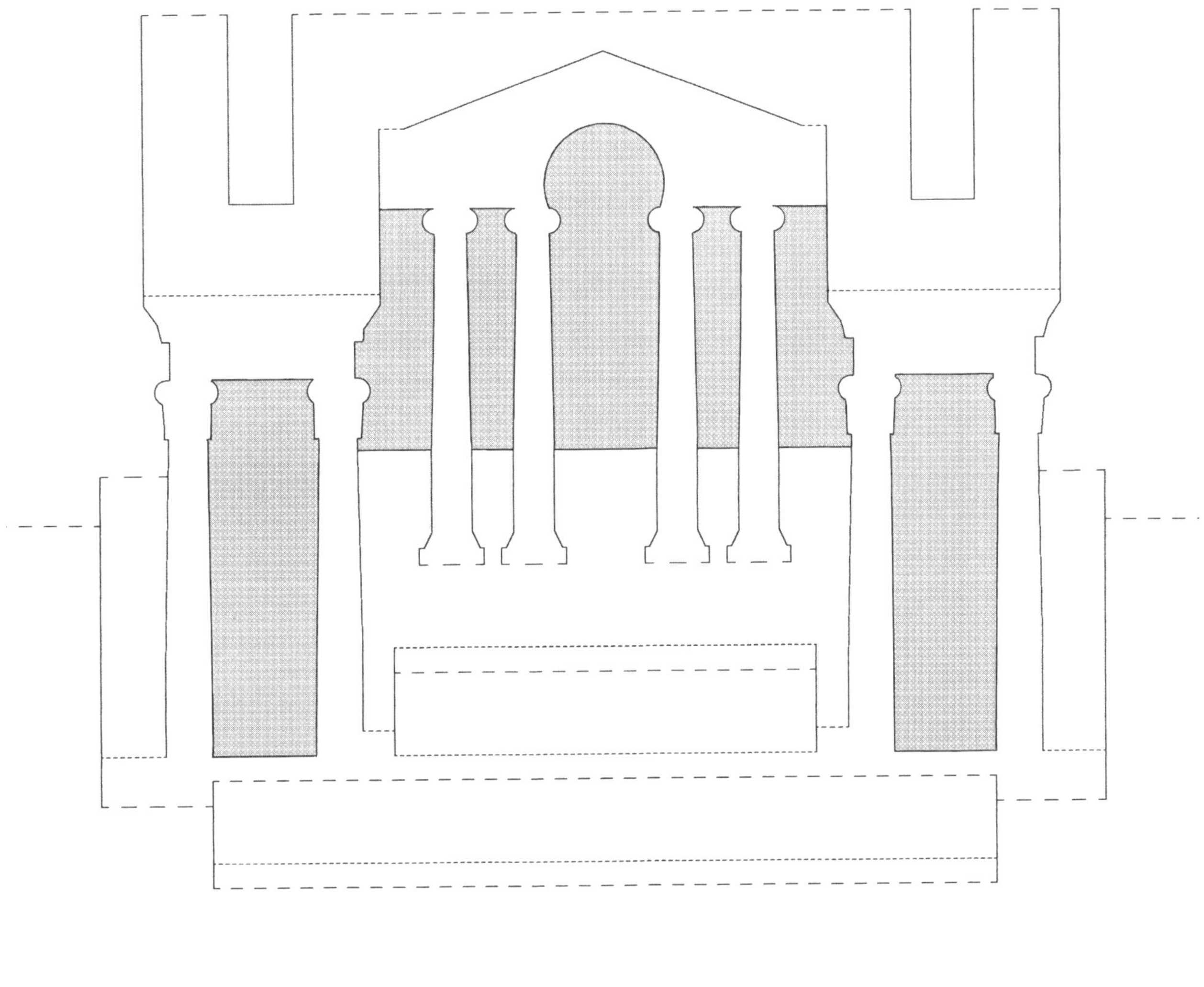

------ 산접기 선 Ridge fold line   - - - 골접기 선 Valley fold line   ── 자르는 선 Cutting line   ▨ 잘라내기 Cutout

22 | 시밤 고대 성벽도시 | 예멘
Old Walled City of Shibam | Yemen

•난이도: ★★★★★

시밤은 예멘 중부 하드라마우트에 있는 도시로 3세기경부터 이 지역에서 번영을 누렸다. 성벽으로 둘러싸인 구 시가지에는 500여 채의 토벽으로 된 고층 가옥들이 늘어서 있으며, 대부분이 100년 이상의 것들이라고 한다. 멀리서 바라보면 맨해튼과도 비슷하여 '사막의 맨해튼'이라고 불린다.

Shibam, in Hadramawt province in central Yemen, flourished from about the 3rd century. Some 500 tower houses of mud brick stand in its walled historic quarter, many thought to be around 100 years old. Shibam's appearance has earned it the name, "Manhattan of the desert."

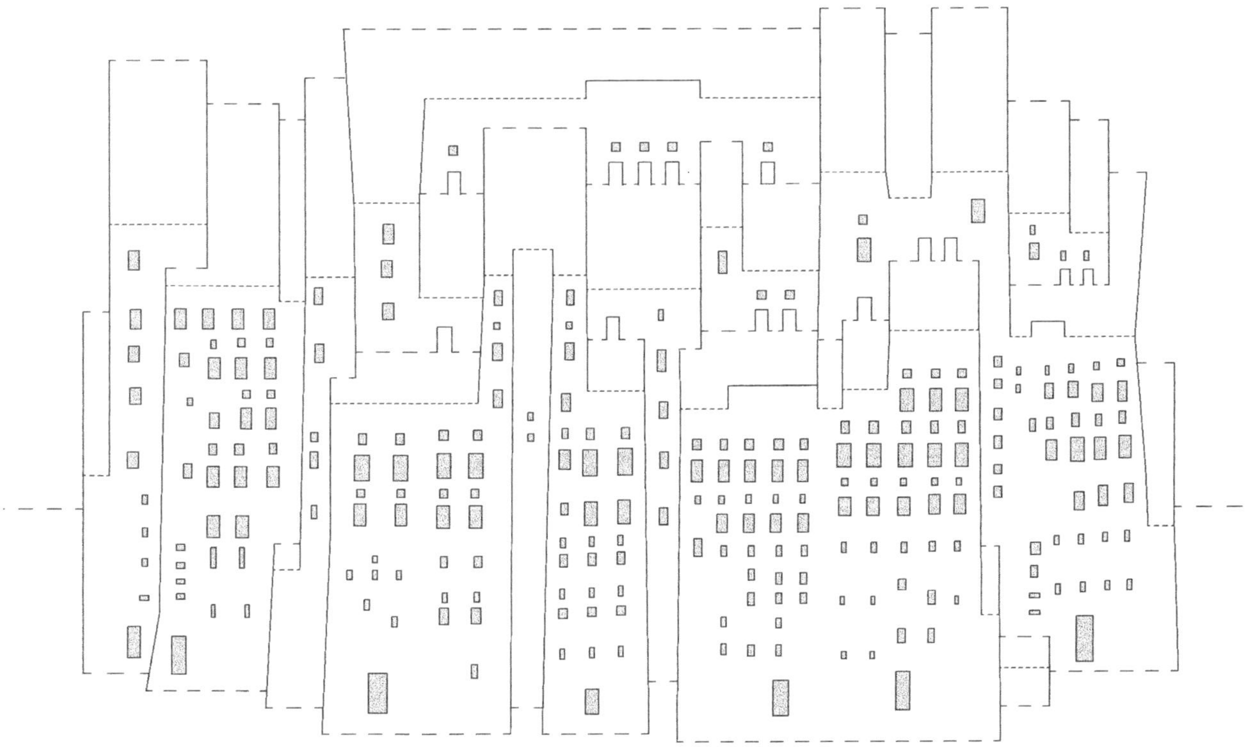

23 | 타지마할 | 인도
Taj Mahal | India

• 난이도: ★★

사랑하는 아내를 추모하는 황제의 뜻에 의해 건립된 타지마할은 순백의 대리석으로 된 묘이다. 주변에는 시원한 강이 있어 오늘날 젊은 연인들이 즐겨 찾는 장소가 되었다. 하얀 종이로 새하얀 건축물을 만들어 보면 종이접기건축의 궁극적인 즐거움을 느낄수 있을 것이다.

An emperor built this white marble mausoleum for his favorite wife. Today it attracts young lovers, who gather in the cool air of the adjacent river. The Taj Mahal affords the ultimate pleasure in origami building makingto construct a white building from white paper.

24 | 앙코르와트 | 캄보디아
Angkor Wat | Cambodia

앙코르와트는 가장 크고 아름다운 앙코르 유적이다. 좌우가 대칭되는 외관은 멀리서 보아도 그 거대함과 장엄함에 압도되는 동시에 기둥과 벽면의 조각 모양에서는 섬세함을 느낄 수 있다. 멀리서 바라보아도, 가까이에서 관찰해 보아도 훌륭한 건축물이다.

The beauty of Angkor Wat, the largest Ankor ruins, overwhelms from afar, with its symmetry, colossal size, and splendor, and from near, with its sensitive relief carvings in stone pillars and walls. Sunlight and shadow, cast at evening through lattice windows, suggest Japanese temple architecture.

• 난이도: ★★★

------ 산접기 선 Ridge fold line   - - - 골접기 선 Valley fold line   ──── 자르는 선 Cutting line   ▨ 잘라내기 Cutout

25 보로부두르 사원 | 인도네시아
Borobudur Temple Compounds | Indonesia

• 난이도: ★★

1814년에 발견된 동양의 피라미드로 세계 최대의 불탑 사원이다. 기단 위에 방형으로 5층, 원형으로 3층을 건조했으며, 동서남북의 바깥 계단에서 정상까지 오를 수 있도록 되어 있다.

This Eastern "pyramid," discovered in 1814, is the largest Buddhist monument on earth. Above a high base are five square terraces and three concentric circular terraces. A staircase bisects each face, enabling one to climb to the top.

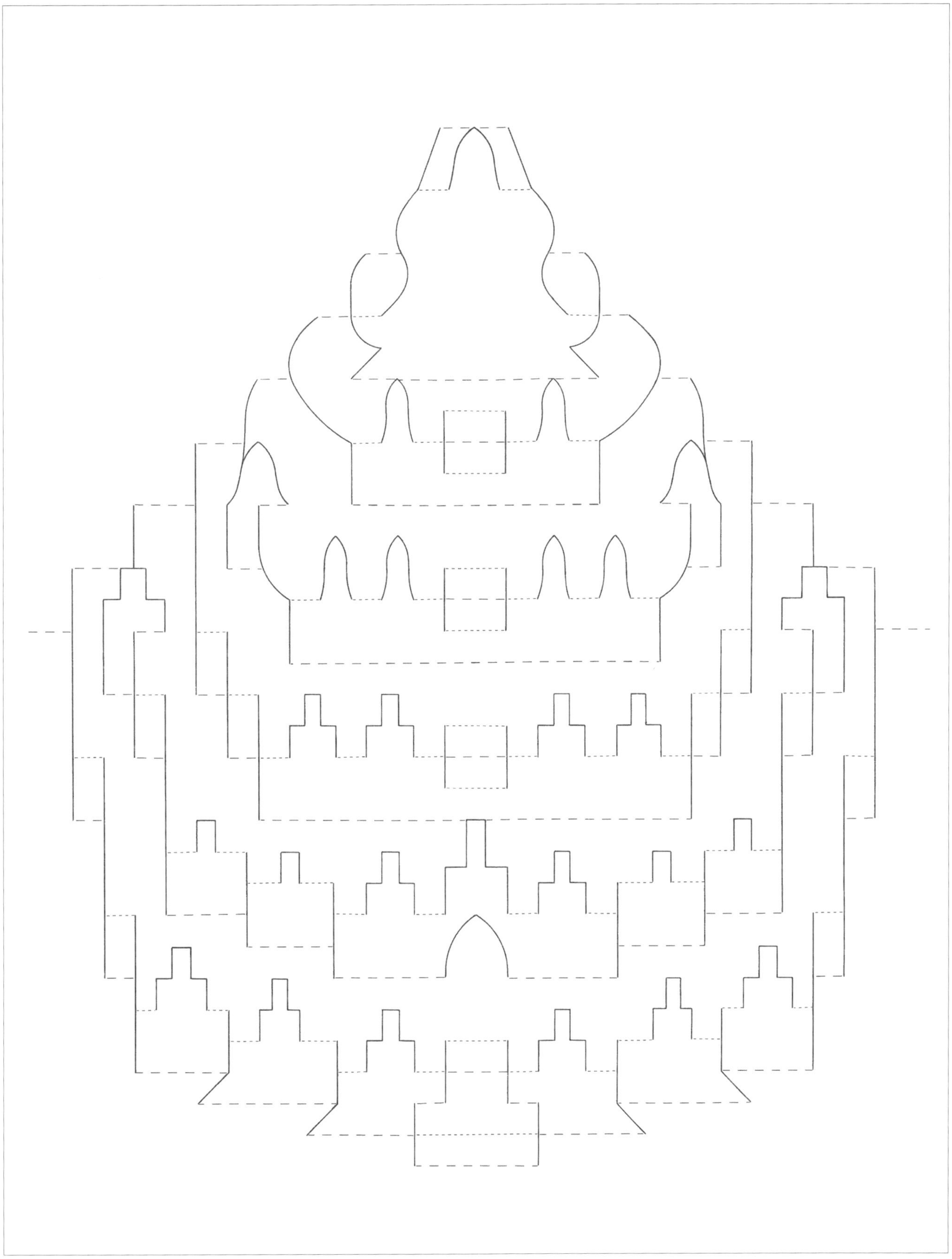

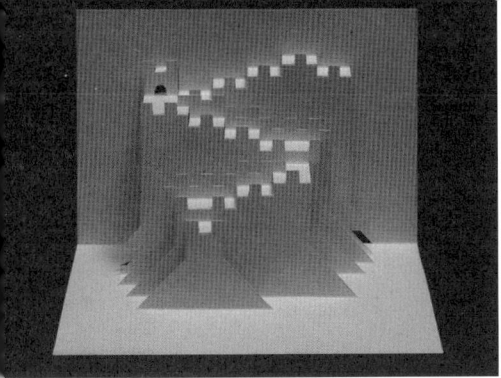

26 | 만리장성 | 중국
Great Wall of China | China

• 난이도: ★

만리장성은 기원 전 6세기에 최초로 지어졌다. 진나라 시황제에 의해 증축된 요새로 이곳에 오면 용을 타고 하늘을 나는 듯한 기분이 든다. '만리장성'이라는 이름에 걸맞게 전체 길이가 무려 6,700킬로미터나 된다.

Work first began on the Great Wall in the 6th century BC. Although constructed as a stronghold by the First (Qin) Emperor, one feels as if astride a dragon, flying the sky, when here. At 6,700km in length, it is truly a "great wall."

------ 산접기 선 Ridge fold line   - - - 골접기 선 Valley fold line   ── 자르는 선 Cutting line

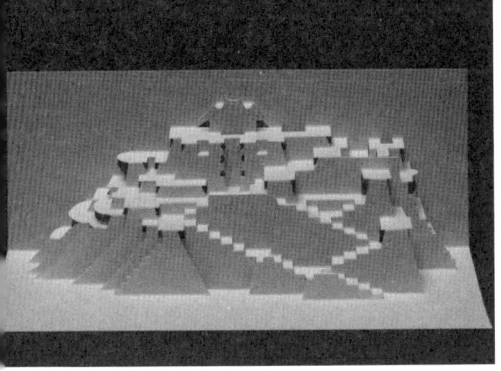

27 | 포탈라궁 | 중국
Potala Palace | China

• 난이도: ★★★

'수직의 베르사유 궁'이라는 찬사를 받는 포탈라 궁은 해발 3,600미터의 산 정상까지 경사면을 따라 지어진 고층 건축물이다. 참배자들은 시계 방향으로 외부 통로를 돌고 안에 들어가 오체투지를 한 후 불경이 들어있는 마니차를 돌린다. 방문할 때에는 고산병에 주의해야 한다.

This "vertical Versailles" is a high-rise building constructed along the slope of mountain summit 3,600m high. Devotees walk clockwise around its exterior passageways, throw themselves full-length on the ground upon entering, then rotate a Buddhist implement called a manikhor. Visitors should heed altitude sickness.

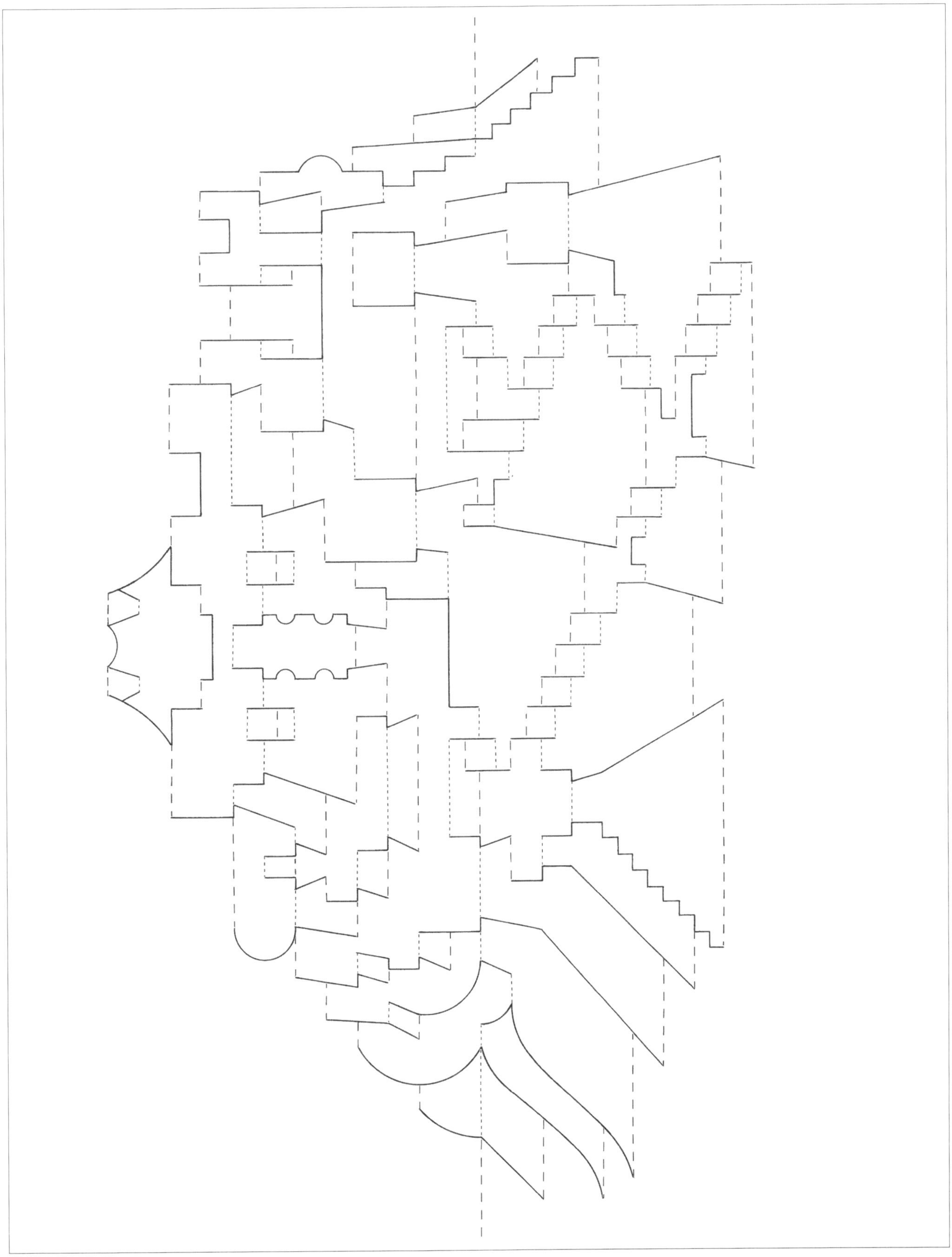

아시아 Asia

------ 산접기 선 Ridge fold line   - - - 골접기 선 Valley fold line   ——— 자르는 선 Cutting line

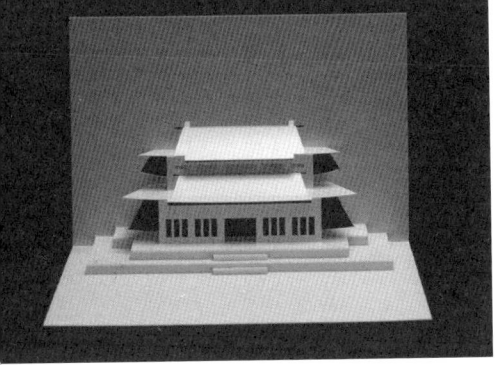

28 창덕궁 | 대한민국
Changdeok Palace | Republic of Korea

• 난이도: ★★

창덕궁은 조선왕조 3대 왕인 태종의 별궁으로 지어졌고 종묘의 북쪽에 있다. 경복궁이 재건될 때까지 270년간 정궁으로 사용되었고, 이 곳 인정전에서 조선의 중요 행사들이 치러졌다.

Constructed as a detached palace in the time of Tae'jong, the 3rd Chosun Dynasty monarch, Changdeok Palace served as the main palace for 270 years until Gyeongbok Palace was reconstructed. Important Cutting state ceremonies were held here at Injeongjeon Hall. Located directly north of Chongmyo Shrine.

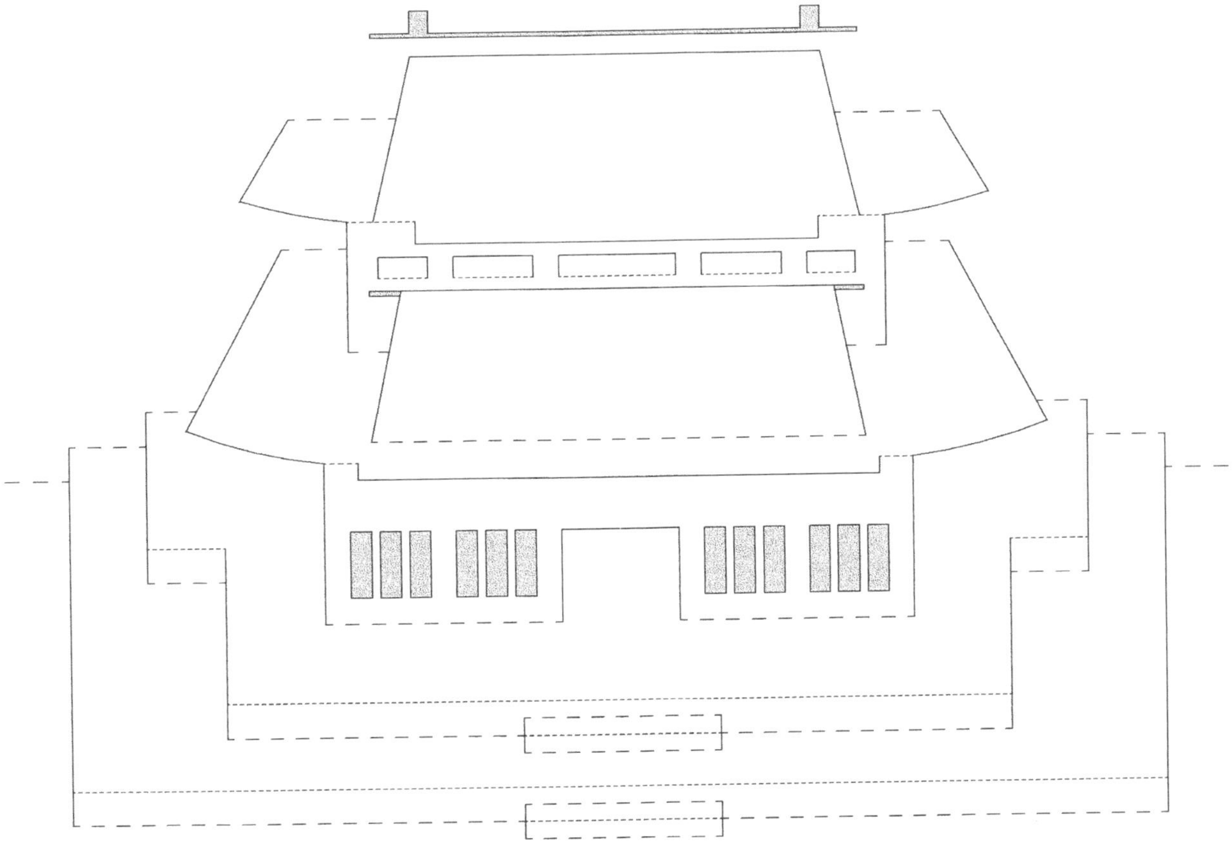

------ 산접기 선 Ridge fold line   - - - 골접기 선 Valley fold line   ——— 자르는 선 Cutting line   ▓▓▓ 잘라내기 Cutout

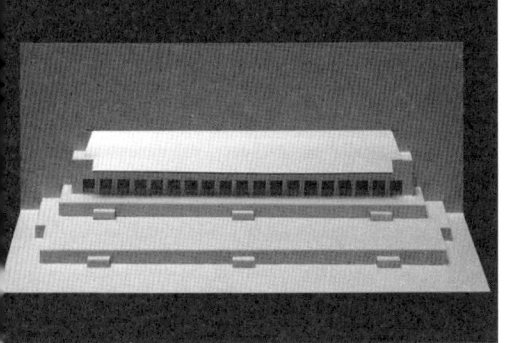

29 종묘 | 대한민국
Jongmyo Shrine | Republic of Korea

서울의 중심에 있는 종묘는 조선왕조 역대 왕과 왕비의 영혼을 모신 사당이다. 정전에 있는 약 35미터 길이의 화강암 기단은 매우 단순하지만 주색으로 줄지어 선 기둥들이 긴장감 가득한 분위기를 자아낸다.

Chongmyo Shrine was built in central Seoul as a mausoleum for kings and queens of the Chosun Dynasty. The main shrine, a monumental structure of some 35m breadth on a granite foundation, has a simple composition yet its vermilion pillars produce a tense atmosphere.

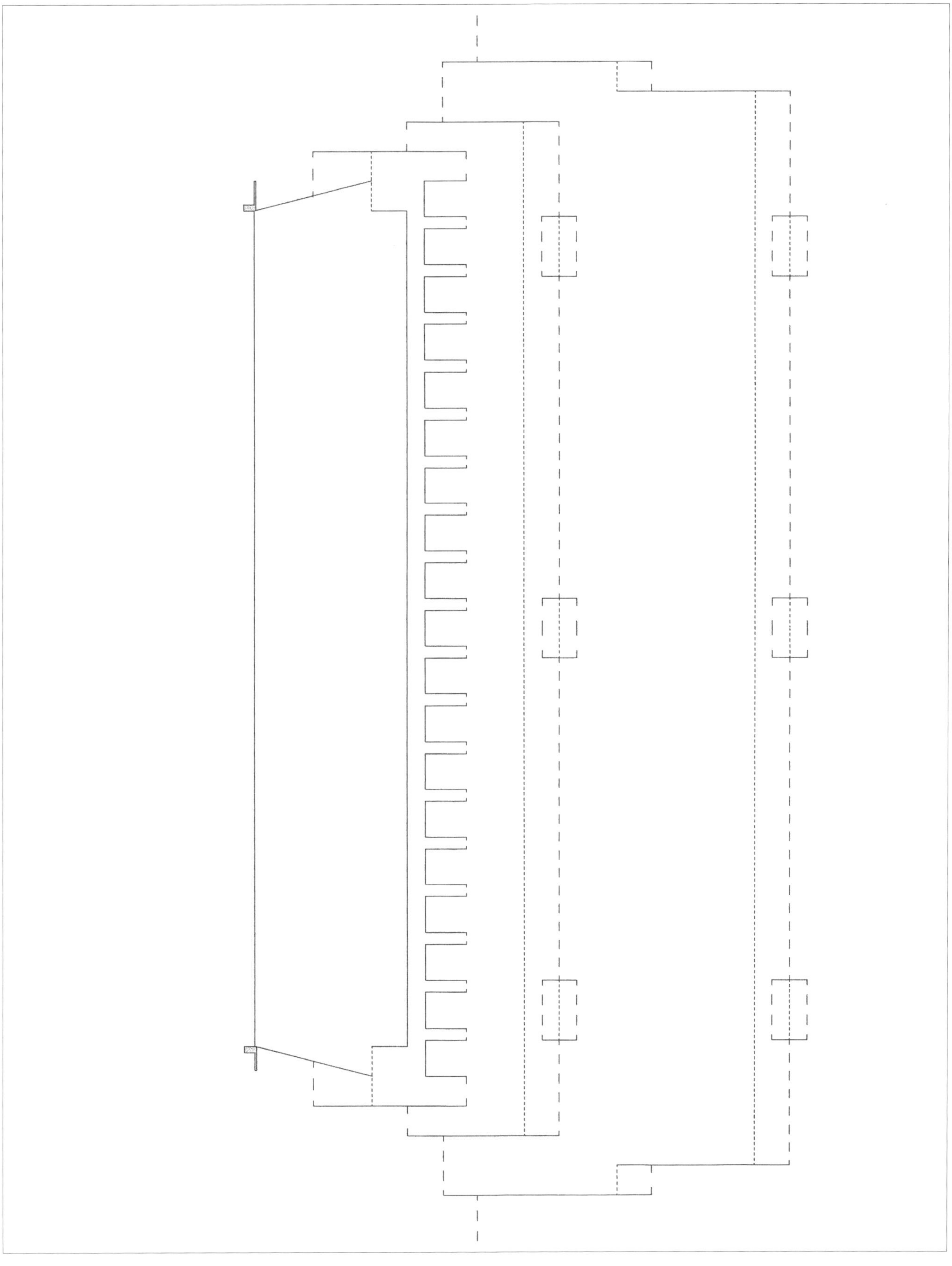

------ 산접기 선 Ridge fold line   - - - 골접기 선 Valley fold line   ——— 자르는 선 Cutting line   ▨ 잘라내기 Cutout

30 | 히메지조 | 일본
Himeji-jo | Japan

• 난이도: ★★★★

시라사기 조(백로성)라고도 불리며 일본에서 가장 아름다운 성으로 꼽힌다. 하지만 그 이면에는 철저한 방어 체계와 보호 장치를 갖춘 요새로서의 진면목이 감춰져 있다. 총탄과 불에 강한 흰색 회벽칠은 적의 침입에 대한 방어 역할을 했다고 한다.

Beautiful Himeji Castle may be known as White Heron Castle, but it features many sophisticated contrivances for conducting war. Even its white plaster was employed for its resistance to bullets and fire.

31 | 기요미즈데라 | 일본
Kiyomizu Temple | Japan

• 난이도: ★★★★

현재의 기요미즈데라(淸水寺) 본당은 1633년 도쿠가와 이에미쓰에 의해 재건되었다. 본당은 지면과 붙어 있지만 바깥 부분은 거대한 기둥과 인방만이 받치고 있으며 절벽 위에 세워져 있다. 계곡 너머에서 바라보면 나무 사이로 커다란 지붕과 무대가 마치 공중에 떠 있는 듯 보인다.

Tokugawa Iemitsu built the present main hall in 1633. The inner temple sits on the ground, while the outer temple and stage stand above a precipice on massive posts and braces. From across the gorge, the Temple's great roof and stage seem to float among trees.

------ 산접기 선 Ridge fold line   - - - 골접기 선 Valley fold line   ——— 자르는 선 Cutting line   ▒ 잘라내기 Cutout

• 난이도 : ★

32 긴카쿠지 | 일본
Ginkakuji | Japan

긴카쿠지(銀閣寺)는 무로마치 막부 8대 장군인 아시카가 요시마사가 교토 히가시야마에 지은 저택과 정원의 일부로 정식 명칭은 '히가시야마지쇼지(東山慈照寺)'이다. 겨울의 눈 덮인 모습이 절경으로 꼽힌다.

The Silver Pavilion, built by the 8th Ashikaga shogun, Yoshimasa, as part of his Higashiyama villa in Kyoto, is formally called Jisho-ji Kannon Chapel Ginkaku. Wanting to see it capped with winter snow, I walked into the compound, struggling to keep my footing.

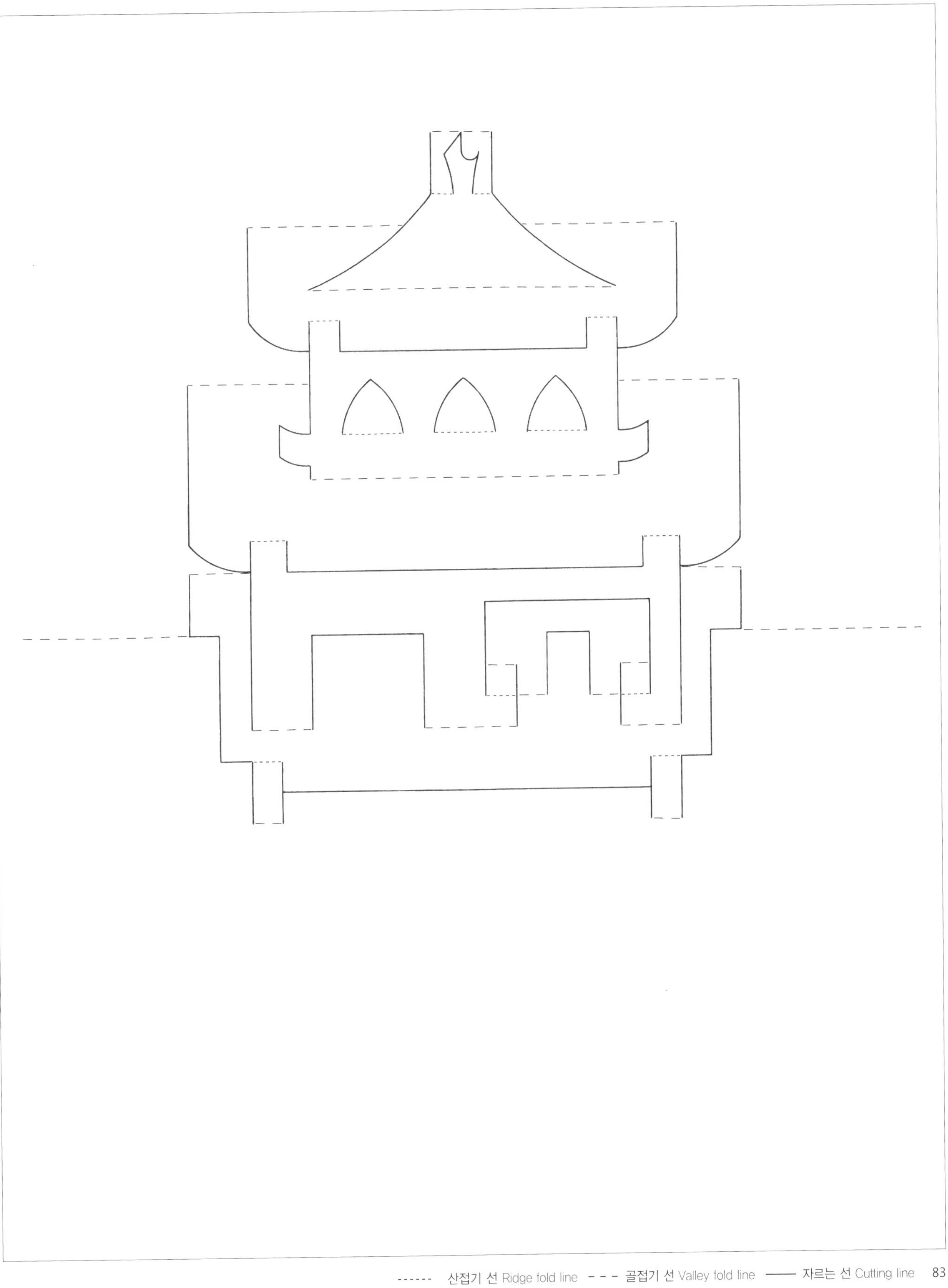

----- 산접기 선 Ridge fold line - - - 골접기 선 Valley fold line ——— 자르는 선 Cutting line

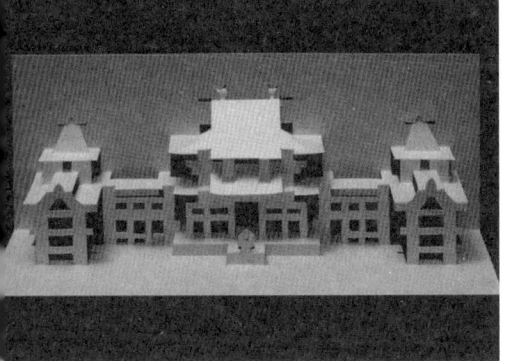

33 · 뵤도인 호오도 | 일본
Phoenix Hall of Byodo-in | Japan

• 난이도: ★★★★

뵤도인 호오도(平等院 鳳凰堂)는 극락정토를 그린 그림을 기반으로 당시 일본의 뛰어난 건축술을 모아 지었다. 호오도의 조그만 조각에도 단계적으로 변화를 준 그러데이션 기법이 사용되어 있으며, 늘 연못에 그 수려한 외관을 비추고 있다.

Phoenix Hall was built as a representation of Amida Buddha's Western Paradise, using the finest Japanese architectural techniques of its time. Colors are painted in graded shading on even small sculptures in the Phoenix Hall, and its lovely form stands reflected in a pond.

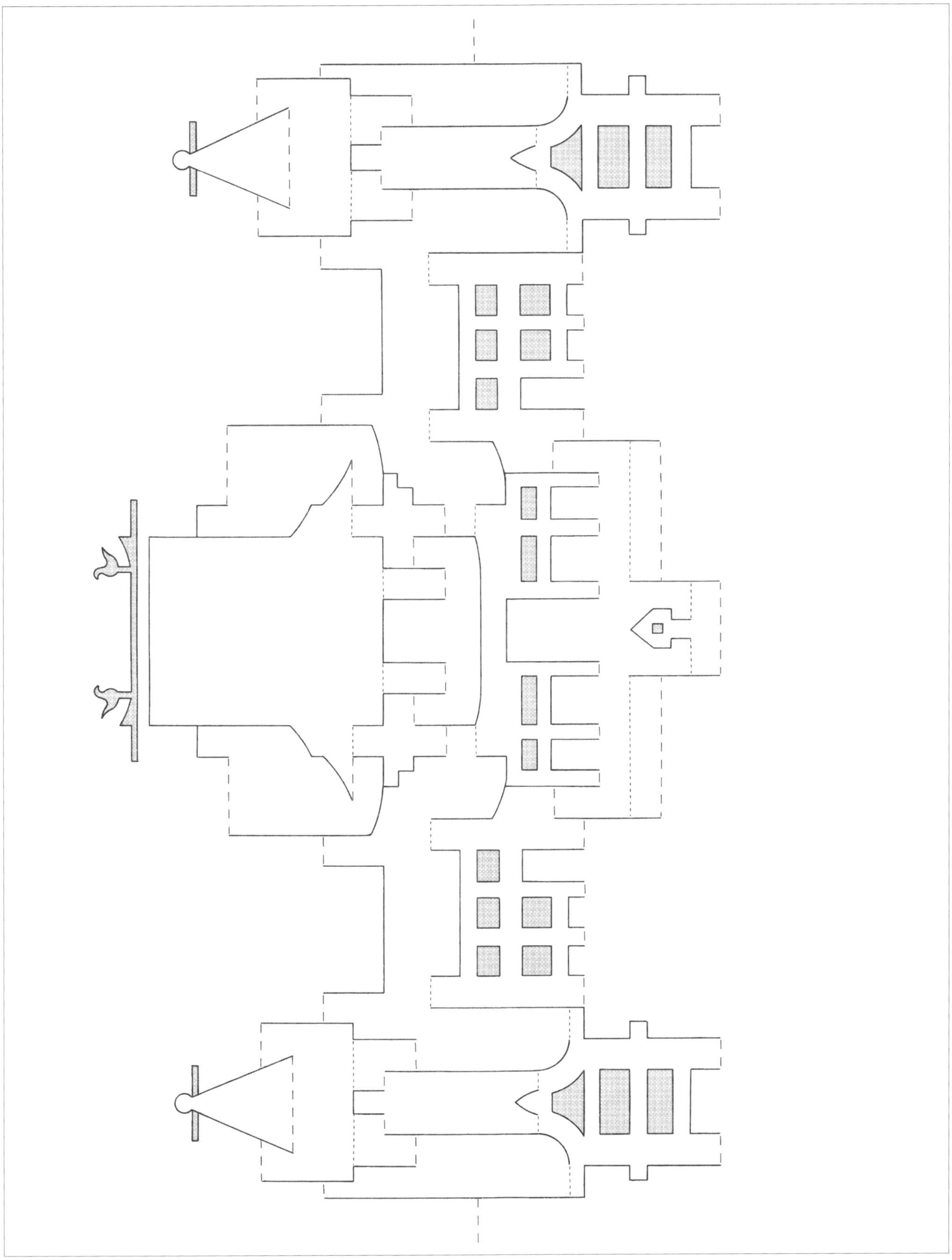

------ 산접기 선 Ridge fold line --- 골접기 선 Valley fold line ——— 자르는 선 Cutting line ▨▨ 잘라내기 Cutout

34 도지 고쥬노토 | 일본
Toji Five-storied Pagoda | Japan

• 난이도: ★★★

도지(東寺)는 교토의 세계유산 중 가장 오래된 절이다. 796년 국가를 보호하기 위한 절로 교토 입구 동쪽과 서쪽에 각각 도지와 사이지(西寺)가 건립되었으나, 사이지는 화재로 없어지고 도지만 남게 되었다. 57미터 높이의 고쥬노토(五層塔)는 헤이안 시대를 회상하게 만든다.

Toji, the oldest Kyoto World Heritage site, was built in 796 as a temple for "preserving and pacifying the country." Toji and Saiji once stood east and west of the city entrance, but Saiji burnt down, and only Toji remains today. Its 57m pagoda serenely recalls ancient Heian times.

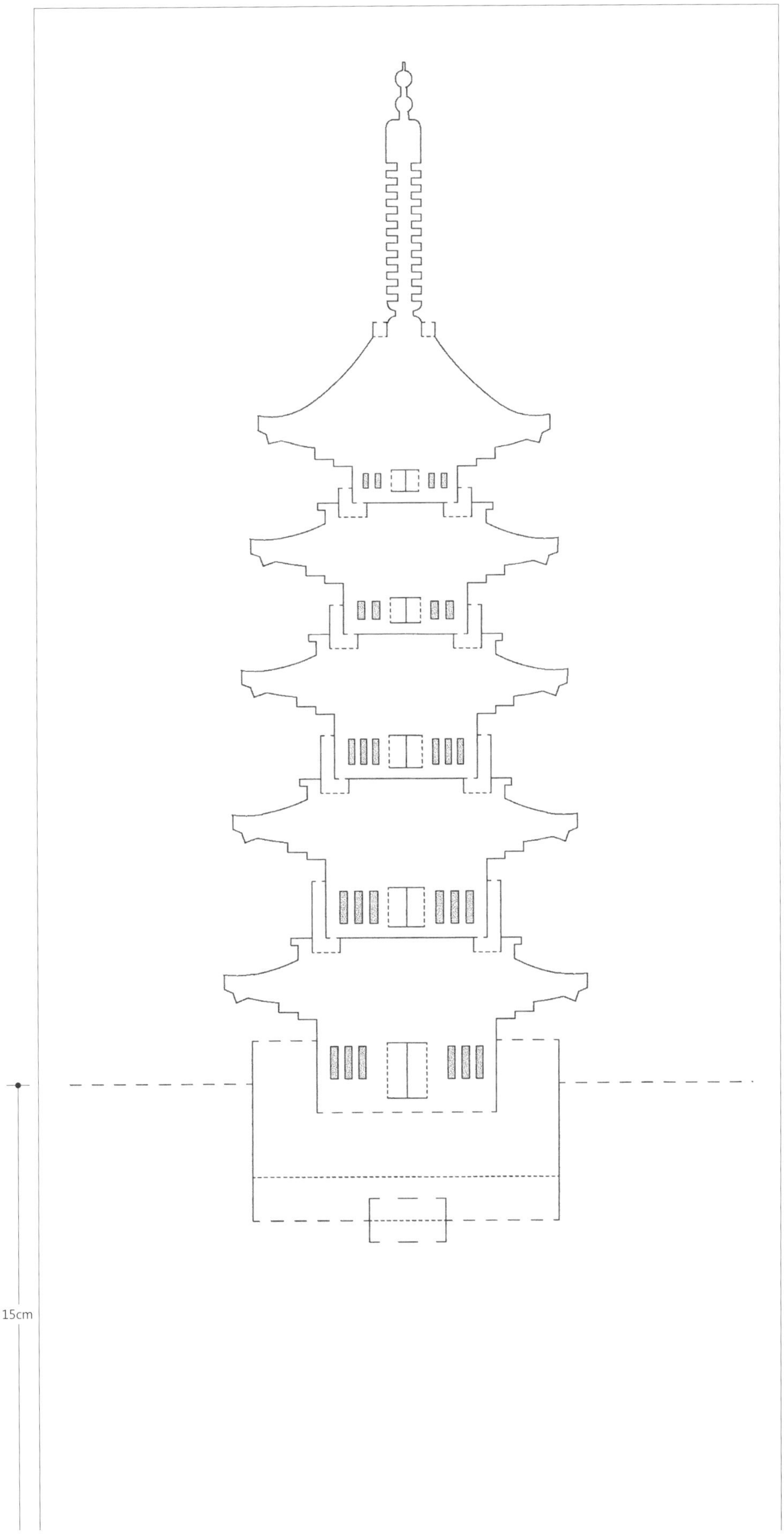

------ 산접기 선 Ridge fold line
- - - 골접기 선 Valley fold line
—— 자르는 선 Cutting line
▨ 잘라내기 Cutout

15cm

아시아 Asia

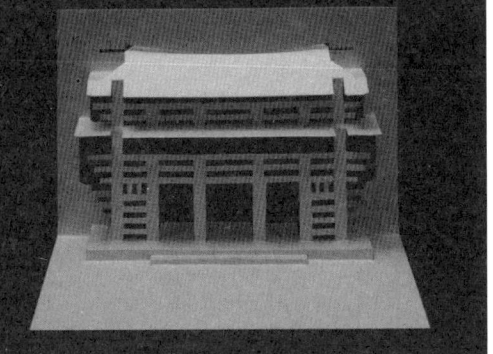

35 | 도다이지 난다이몬 | 일본
Todaiji Great South Gate | Japan

• 난이도: ★★

도다이지 난다이몬(東大寺 南大門)은 송나라 건축 양식으로 지어졌으며 현존하는 몇 안되는 가마쿠라 시대 건축물 중 하나이다. 25.5미터의 높이와 6단의 처마단 등에서 강한 박력이 느껴진다.

One of the few surviving examples of "Indian style" (tenjiku-yo) architecture of Japan's Kamakura period. Its height of 25.5m and six tiers of bracket sets produce a mood of strength and integrity.

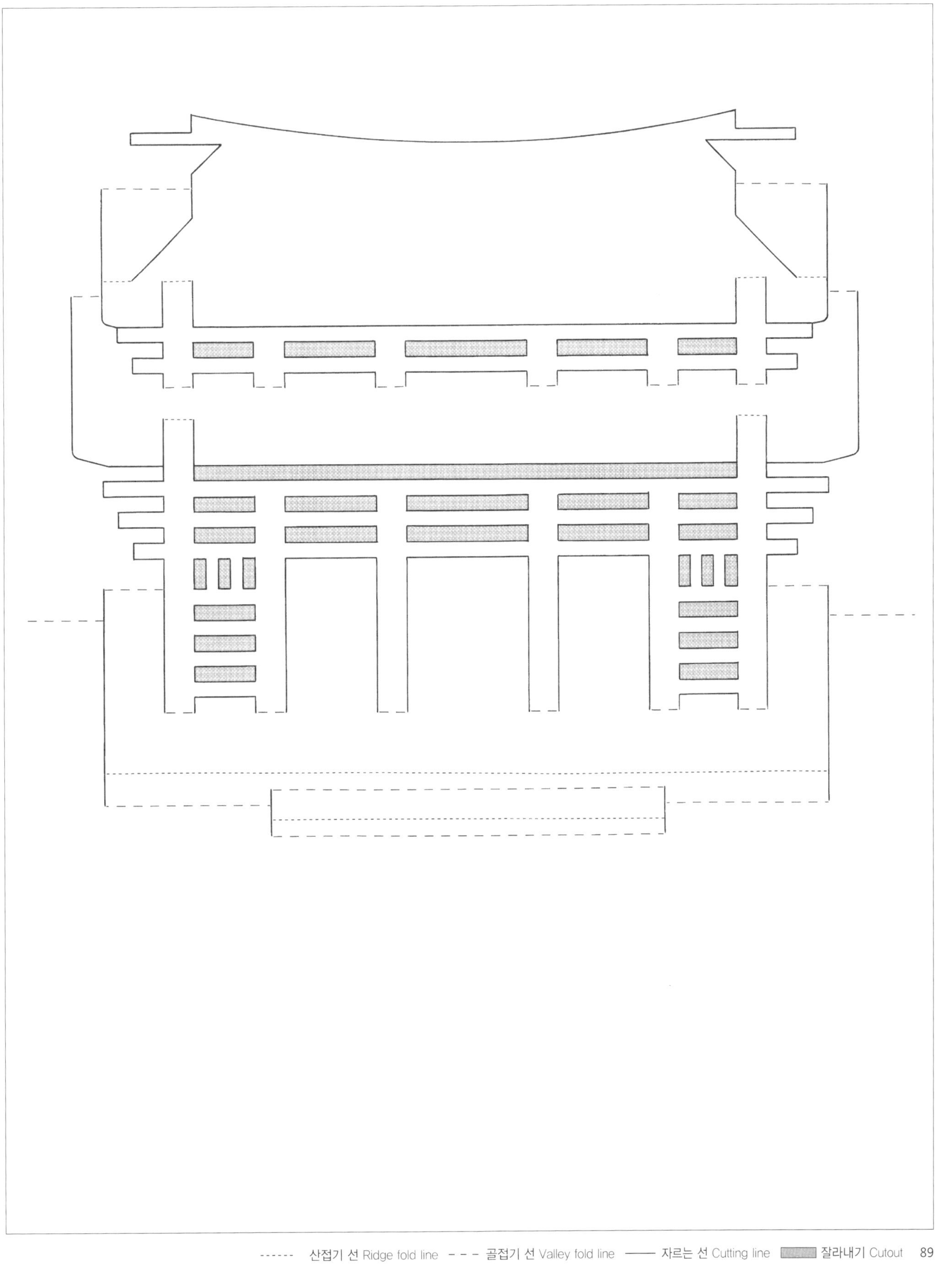

------ 산접기 선 Ridge fold line   - - - 골접기 선 Valley fold line   ——— 자르는 선 Cutting line   ▓▓▓ 잘라내기 Cutout

36 갓쇼즈쿠리 역사마을 | 일본
Historic Villages of Shirakawa-go and Gokayama | Japan

• 난이도: ★

기후 현의 시라카와고와 도야마 현의 고카야마에 있는 특유의 민가이다. 60도 각도의 역 V자 모양의 억새 지붕과 2층부터 4층까지의 거대한 다락방, 그리고 양 옆이나 사방으로 난 창문이 특징이다. '갓쇼'란 '합장(合掌)'이란 뜻으로 양 손을 모아 합장한 모습과 비슷하다는 데에서 지어진 이름이다.

These characteristic farmhouses of Gifu and Toyama have steep thatched roofs, forming a 60° inverted V, and huge two- to four-level attics with windows on all or two sides. They are built in the Gassho (prayer) style, so called because their roofs suggest hands in prayer.

----- 산접기 선 Ridge fold line   - - - 골접기 선 Valley fold line   ——— 자르는 선 Cutting line

37 슈리조 | 일본
Shuri Castle | Japan

류큐 왕국의 성으로 등록된 슈리조(首里城) 터는 대부분 소실되어 성벽이나 건물의 기초 등의 일부만 남아 있다. 산뜻한 색으로 재건된 정전과 북전, 남전은 중국과 일본의 영향을 받으며 독자적인 문화를 키워간 류큐의 역사를 떠오르게 해 준다.

Only the foundation and portions of wall remain of Shuri Castle, which was destroyed by fire. Its colorful reconstructed State Hall and North and South Halls evoke the unique culture of the Ryukyus, which blended influences from China and Japan. Registered as a Gusuku (castle) site of the Kingdom of Ryukyu.

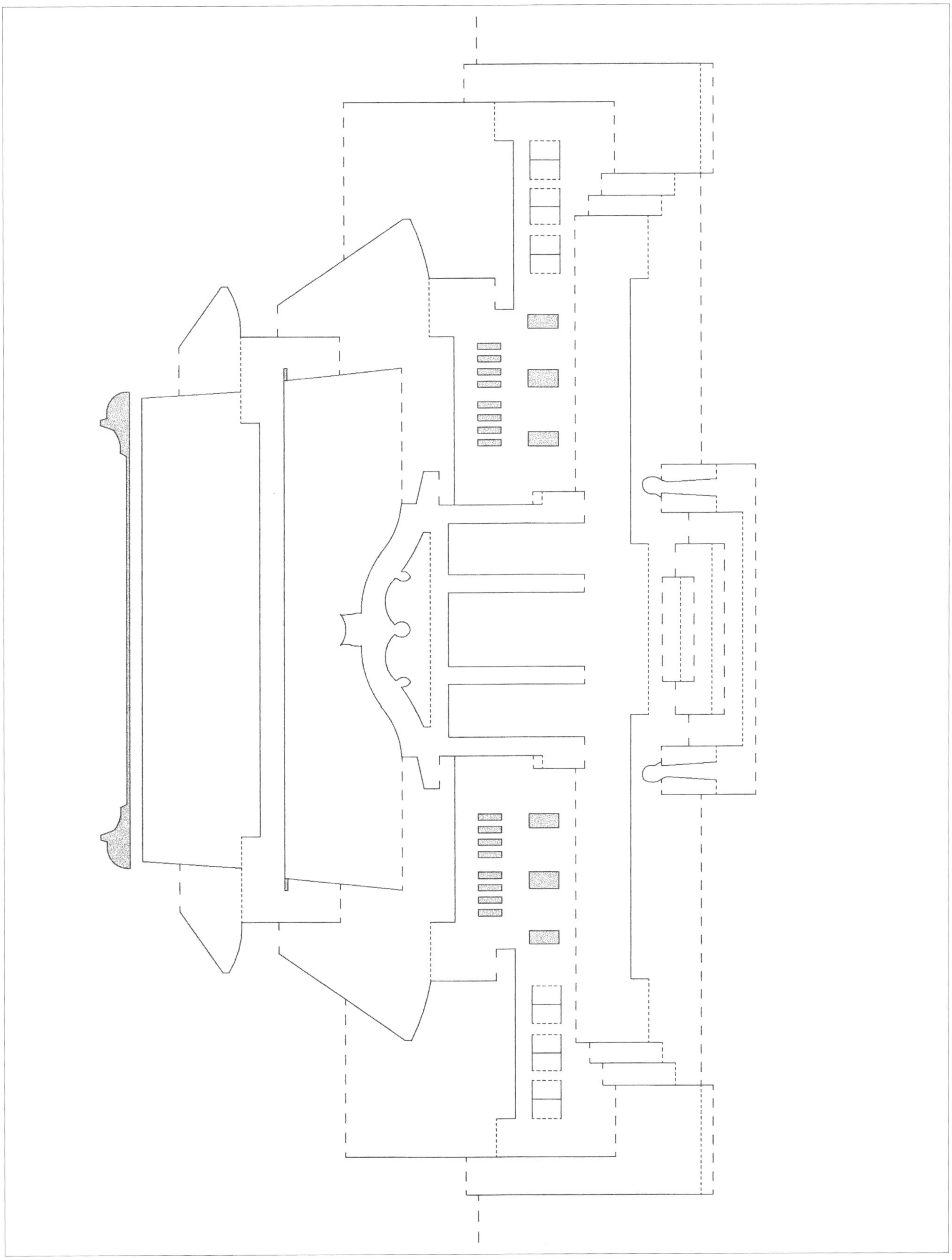

• 난이도: ★★★

------ 산접기 선 Ridge fold line   - - - 골접기 선 Valley fold line   —— 자르는 선 Cutting line   ▓ 잘라내기 Cutout

38 | 자유의 여신상 | 미국
Statue of Liberty | United States

• 난이도 : ★★

자유의 여신상은 1886년, 미국의 독립 100주년을 기념하여 프랑스가 보낸 기념물이다. 왼손에는 독립선언서, 오른손에는 희망의 횃불을 들고 있는 모습과 대양과 대륙을 나타내는 일곱 개의 뿔이 달린 왕관은 자유, 희망, 민주주의를 상징한다.

France presented this statue to the United States in 1886 for its centennial. With the declaration of independence in her left hand, the torch of hope in her right, and the spikes of her crown radiating to the seven oceans and continents, the statue symbolizes freedom, hope, and democracy.

------ 산접기 선 Ridge fold line
- - - 골접기 선 Valley fold line
—— 자르는 선 Cutting line

15cm

북아메리카 North and South America

39 타오스 푸에블로 | 미국
Taos Pueblo | United States

미국 원주민들의 주거지로 흙과 벽돌로 만들어졌다. 굴뚝과 사다리 등의 세밀한 부분들이 눈을 즐겁게 해 준다.

These Native American houses are built using mud and sun-dried adobe bricks. Such details as the chimneys and ladders give pleasure to the eye.

• 난이도: ★★

40 | 마법사의 피라미드 | 멕시코
Pyramid of the Magician | Mexico

마야의 피라미드는 본래 신을 모시던 곳이다. 마법사가 하룻밤 만에 만들어냈다는 전설을 가지고 있으며 마야의 건축물로는 드문 타원형 피라미드이다. 쿠쿨칸의 피라미드와는 대조적으로 마야 문명의 소박한 면을 볼 수 있다.

Mayan pyramids were scared places for worship. This pyramid which, according to legend, was built by a magician in one night, has an unusual rounded plan that is nearly oval. Unlike the pyramid of Kukulkan, it expresses the simple purity of Mayan civilzation.

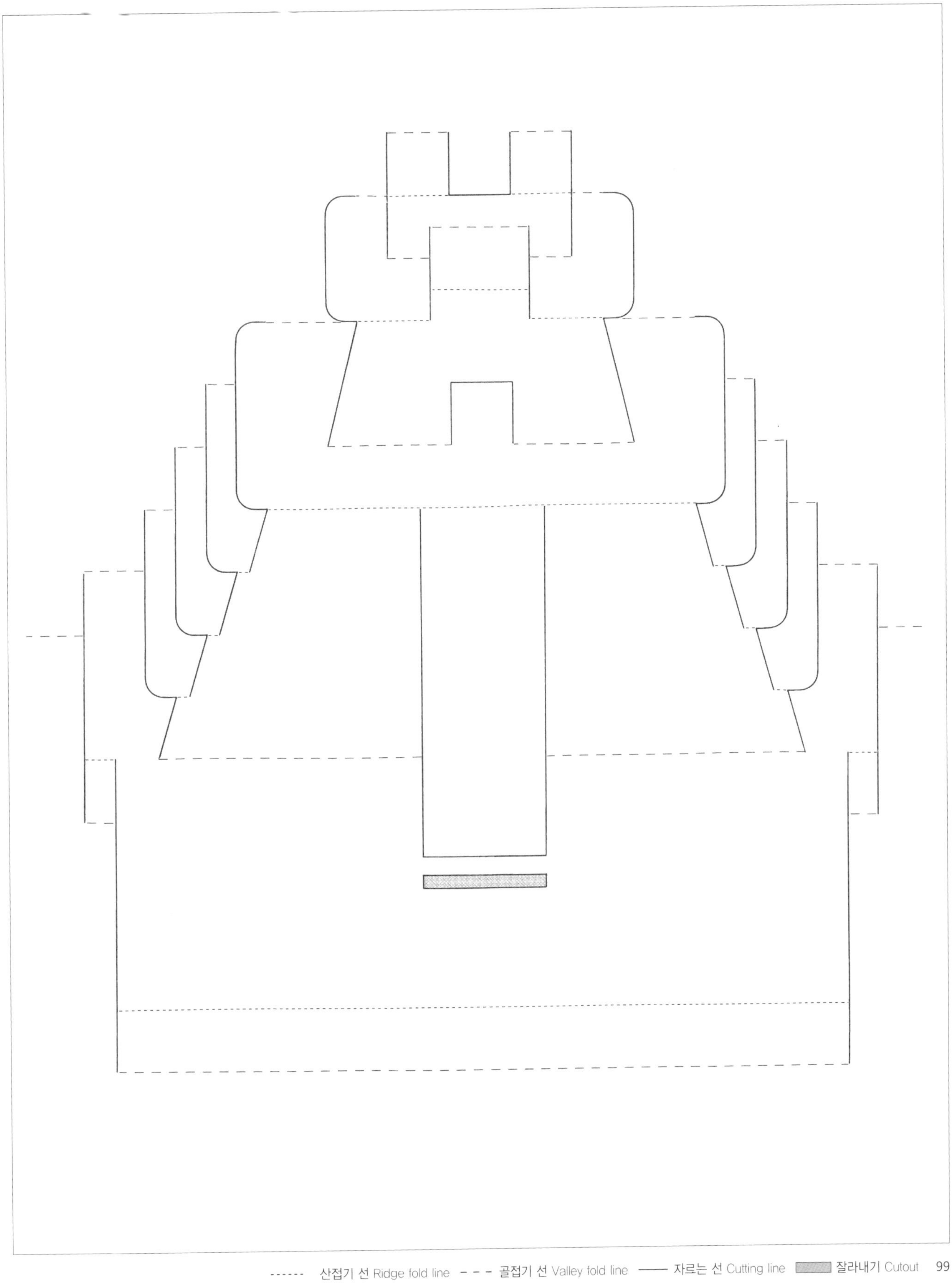

• 난이도: ★

----- 산접기 선 Ridge fold line   - - - 골접기 선 Valley fold line   ——— 자르는 선 Cutting line   ▨ 잘라내기 Cutout

41 | 아바나 대성당 | 쿠바
Catheral de la Havana | Cuba

• 난이도: ★★★★★

아바나 구 시가지의 중심부에 있는 대성당으로 1767년경에 완성되었다. 쿠바를 대표하는 바로크 건축물이다. 이 시기에는 유럽의 세계 진출이 왕성했으며 수많은 바로크 양식의 건축물들이 식민도시 각지에서 만들어졌다.

This cathedral in the heart of Old Havana was completed around 1767. Its baroque style is representative of Cuban architecture of the colonial period, when the European empires were at their apogee, and baroque buildings were built in colonial cities around the world.

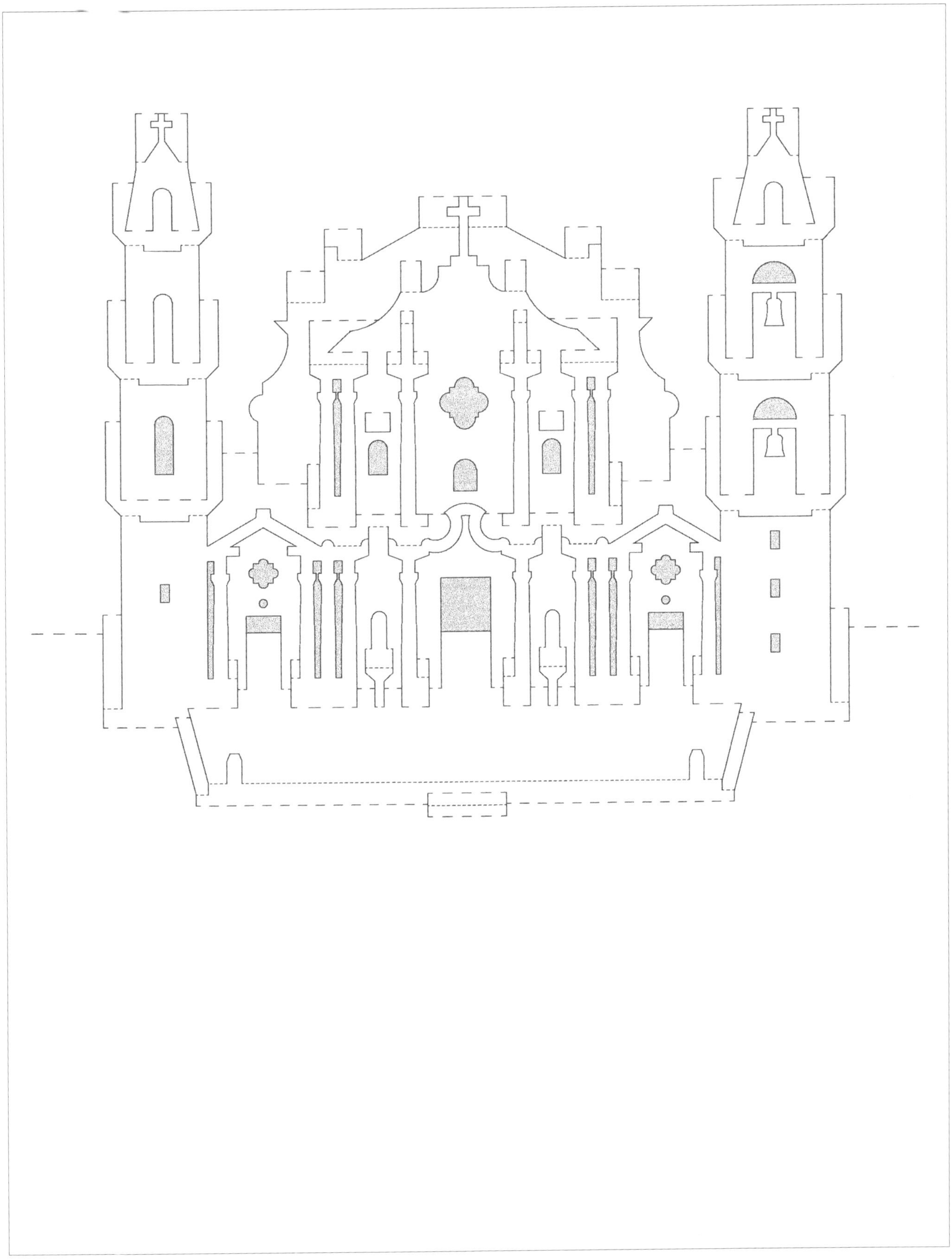

42 산 니콜라스 데 바리 병원 | 도미니카 공화국
San Nicolás de Bari Hospital | Dominican Republic

• 난이도: ★

산토도밍고는 콜럼버스가 첫 항해에서 발견한 신대륙 중 최초로 만들어진 도미니카 공화국의 수도이다. 옛 시가지 전체에 신대륙 시대의 모습과 유적들을 곳곳에서 볼 수 있다. 이곳은 신대륙의 가장 오래된 병원 유적이다.

Santo Domingo, the Dominican Republic's capital, was the first settlement founded in the Americas, after Columbus's first voyage. The entire old city quarter is dotted with sights and ruins suggestive of the days of conquest, among them these ruins of the new world's oldest hospital.

------ 산접기 선 Ridge fold line   - - - 골접기 선 Valley fold line   ——— 자르는 선 Cutting line   ▨ 잘라내기 Cutout

43 | 마추픽추 | 페루
Machu Picchu | Peru

• 난이도: ★

'늙은 봉우리'라는 뜻의 공중 도시 마추픽추는 해발 2,280미터의 산 정상에 있다. 완벽하게 잘 라낸 커다란 돌을 쌓아 올린 기술과 고도의 문명은 400년 동안이나 사람들의 눈에 띄지 않았다. 수수께끼로 가득한 곳이다.

Machu Picchu, a city in the sky whose name means "old peak," sits on a mountain ridge 2,280m high. Its existence was unknown for 400 years. The sophisticated civilization that built it and the methods used to assemble large, exactly milled stones are still veiled in mystery.

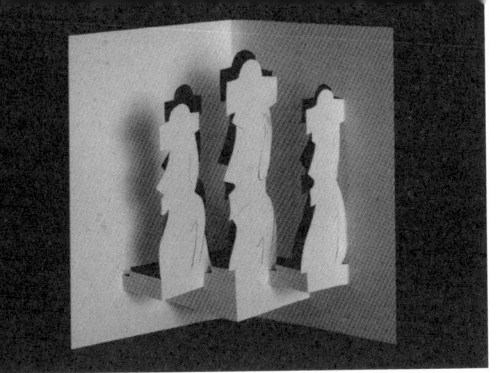

44 모아이 | 칠레
Moais | Chile

남태평양 '세계의 배꼽'에 위치한 칠레의 이스터 섬에는 12세기에서 15세기에 만들어졌다고 추정되는 1,000개의 모아이 석상이 있다. 몸통만으로 된 석상들이 그 3분의 1을 차지하지만 가장 큰 것은 20미터나 되는 것도 있다.

On Easter Island, a Chilean island in the south Pacific known as the "navel of the world," there are 1,000 stone Moai statues created in the 12th to 15th centuries. A third of them are just torsos, but the largest stand up to 20m high.

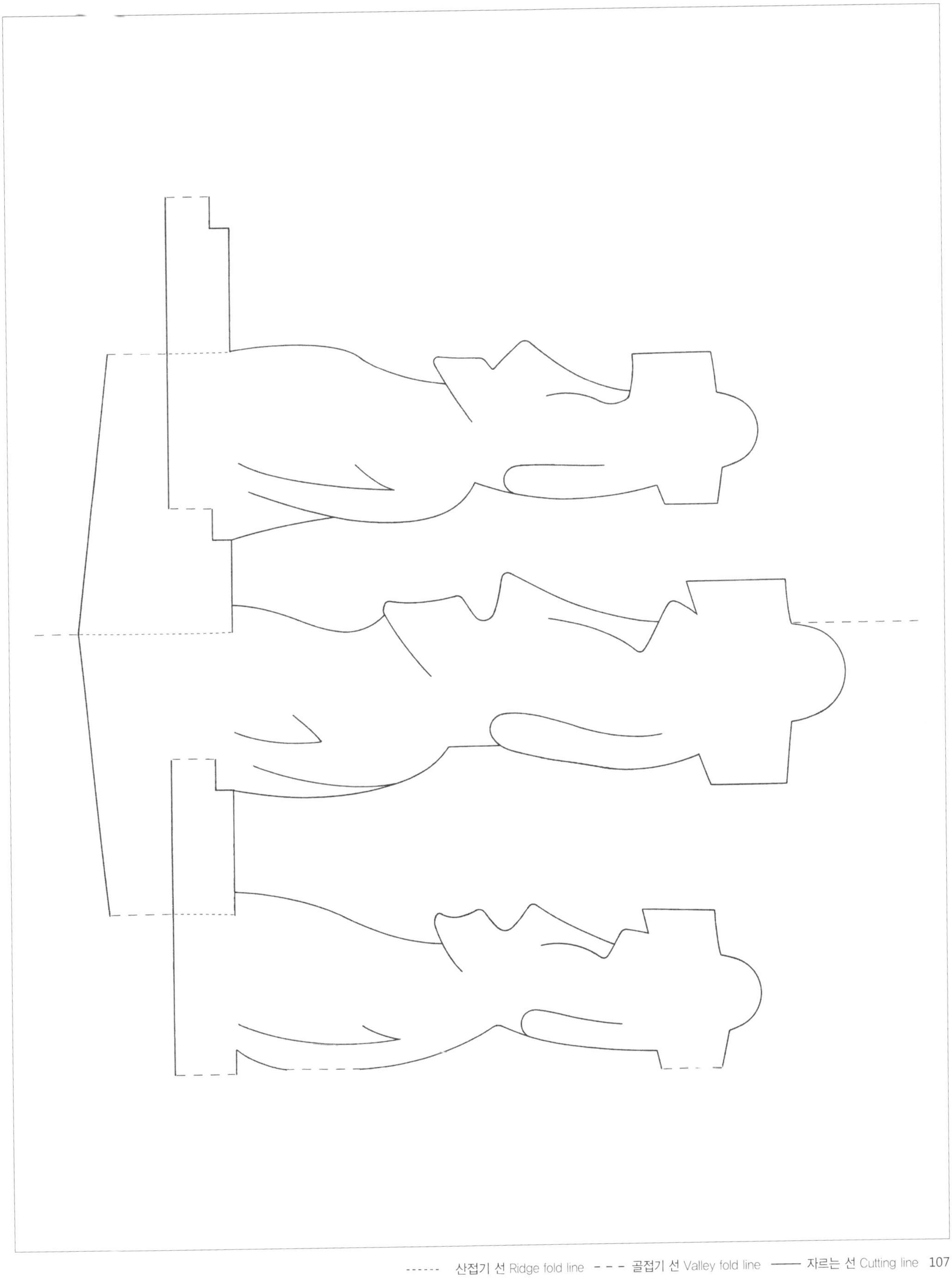

• 난이도 : ★

----- 산접기 선 Ridge fold line   - - - 골접기 선 Valley fold line   ——— 자르는 선 Cutting line

• 난이도: ★★

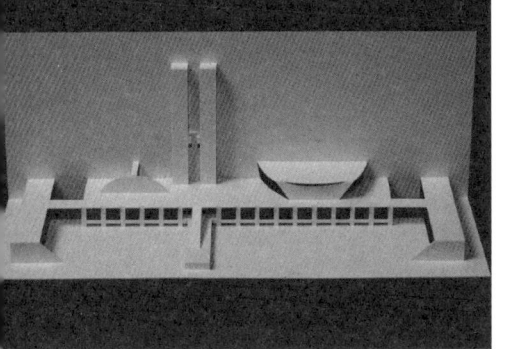

45 브라질 국회의사당 | 브라질

Pyramids | Egypt

브라질리아는 세라도라는 이름의 아무것도 없던 거친 사바나에 불과 4년 만에 만들어진 계획도시이자 현 브라질의 수도이다. 독특한 디자인의 국회의사당은 돔형 지붕 부분이 상원, 돔을 거꾸로 뒤집어 놓은 부분이 하원이다. 상원과 하원이 합쳐져 지구를 나타내고 있다.

In just four years Brazil built a new capital, Brasilia, in the wild savanna of Cerrado. Its distinctive Congress Building consists of a Senate with a domed roof and a Chamber of Deputies under an inverted dome. Together, the two governmental houses express a complete sphere.

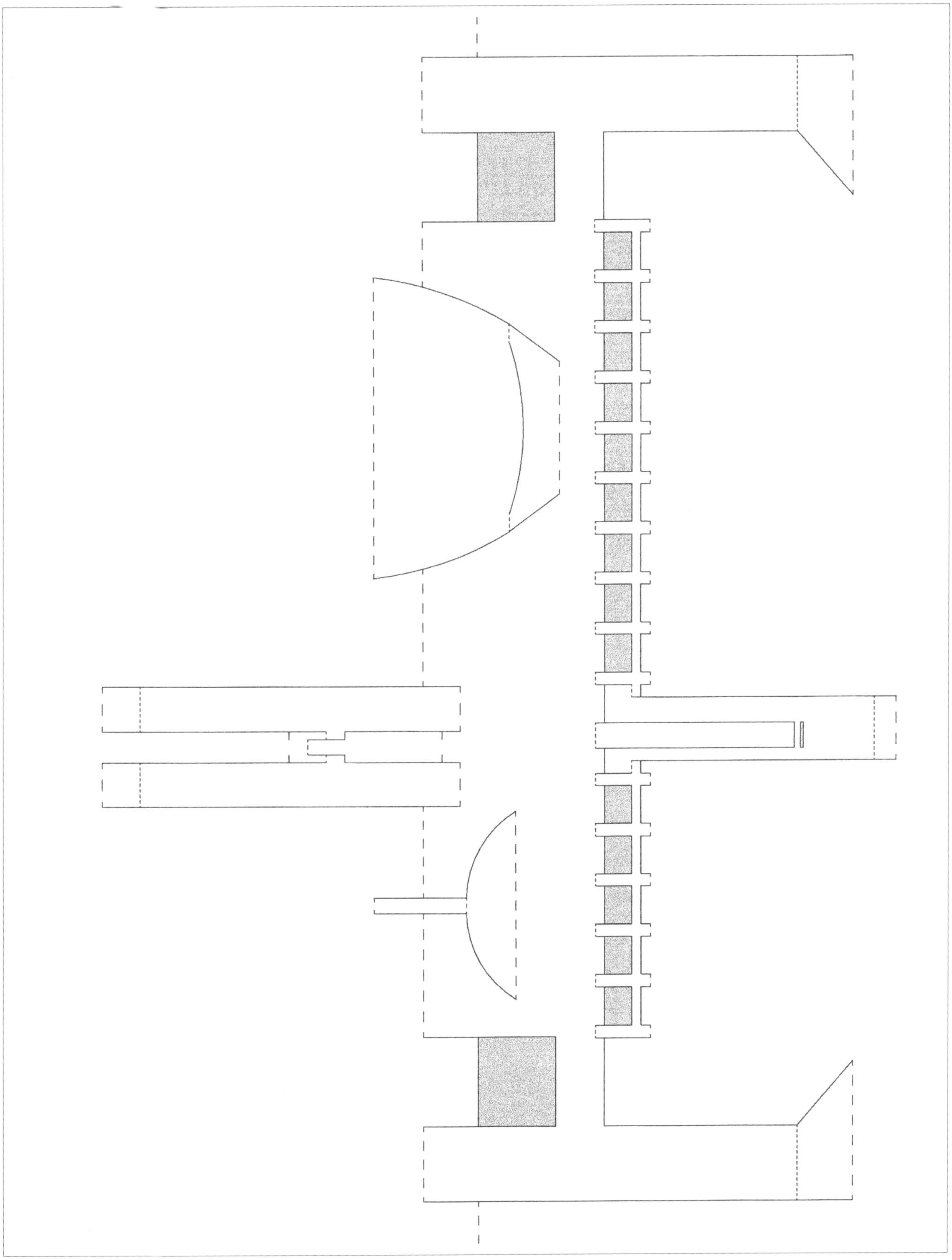

------ 산접기 선 Ridge fold line - - - 골접기 선 Valley fold line —— 자르는 선 Cutting line ▒ 잘라내기 Cutout

이 책의 세계유산 · 등록년도

1 피라미드 (이집트)
- 유산명: 멤피스와 그 묘지유적, 기자에서 다흐슈르까지의 피리미드 지대
- 등록년도: 1979년

2 아부심벨 신전 (이집트)
- 유산명: 아부심벨에서 필레까지의 누비아 유적군
- 등록년도: 1979년

3 대 짐바브웨 유적 (짐바브웨)
- 유산명: 대 짐바브웨 유적
- 등록년도: 1986년

4 젠네 모스크 (말리)
- 유산명: 젠네의 옛 시가지
- 등록년도: 1988년

5 알베로벨로의 트룰로 (이탈리아)
- 유산명: 알베로벨로의 트룰로
- 등록년도: 1996년

6 산타마리아 델피오레 대성당 (이탈리아)
- 유산명: 피렌체 역사지구
- 등록년도: 1982년

7 빌라 로톤다 (이탈리아)
- 유산명: 비센자 시와 팔라디안 건축물
- 등록년도: 1994/1996년

8 벨렘탑 (포르투갈)
- 유산명: 하이에로니미테스 수도원과 리스본의 벨렘탑
- 등록년도: 1983년

9 에펠탑 (프랑스)
- 유산명: 파리의 센 강변
- 등록년도: 1991년

10 노트르담 대성당 (프랑스)
- 유산명: 파리의 센 강변
- 등록년도: 1991년

11 웨스트민스터 대성당 (영국)
- 유산명: 웨스트민스터 궁/대성당과 세인트 마가렛 교회
- 등록년도: 1987년

12 아이언브리지 (영국)
- 유산명: 아이언브리지 계곡
- 등록년도: 1986년

13 베를린 박물관 섬의 구 박물관 (독일)
- 유산명: 뮤제움스인셀 (박물관 섬)
- 등록년도: 1999년

14 릴라 수도원 (불가리아)
- 유산명: 릴라 수도원
- 등록년도: 1983년

15 자하리아스 광장 (체코)
- 유산명: 텔치 역사센터
- 등록년도: 1992년

16 파르테논 신전 (그리스)
- 유산명: 아테네의 아크로폴리스
- 등록년도: 1987년

17 메테오라 수도원 (그리스)
- 유산명: 메테오라
- 등록년도: 1988년

18 키시 섬의 예수변모교회 (러시아)
- 유산명: 키시 섬
- 등록년도: 1990년

19 아야소피아 (터키)
- 유산명: 이스탄불 역사지구
- 등록년도: 1985년

20 카파도키아 동굴 교회 (터키)
- 유산명: 궤레메 국립공원과 카파도키아 바위유적
- 등록년도: 1985년

21 하트라 (이라크)
- 유산명: 하트라
- 등록년도: 1985년

22 시밤 고대 성벽도시 (예멘)
- 유산명: 시밤 고대 성곽도시
- 등록년도: 1982년

23 타지마할 (인도)
- 유산명: 타지마할
- 등록년도: 1983년

24 앙코르와트 (캄보디아)
- 유산명: 앙코르
- 등록년도: 1992년

25 보로부두르 사원 (인도네시아)
- 유산명: 보로부두르 사원 불교사원
- 등록년도: 1991년

26 만리장성 (중국)
- 유산명: 만리장성
- 등록년도: 1987년

27 포탈라궁 (중국)
- 유산명: 라사의 포탈라 궁
- 등록년도: 1994/2000/2001년

28 창덕궁 (대한민국)
- 유산명: 창덕궁
- 등록년도: 1997년

29 종묘 (대한민국)
- 유산명: 종묘
- 등록년도: 1995년

30 히메지조 (일본)
- 유산명: 히메지조
- 등록년도: 1993년

31 기요미즈데라 (일본)
- 유산명: 고도 교토의 문화재
- 등록년도: 1994년

32 긴카쿠지 (일본)
- 유산명: 고도 교토의 문화재
- 등록년도: 1994년

33 뵤도인 호오도 (일본)
- 유산명: 고도 교토의 문화재
- 등록년도: 1994년

34 도지 고쥬노토 (일본)
- 유산명: 고도 교토의 문화재
- 등록년도: 1994년

35 도다이지 난다이몬 (일본)
- 유산명: 고도 나라의 문화재
- 등록년도: 1998년

36 갓쇼즈쿠리 역사마을 (일본)
- 유산명: 시라카와고·고카야마의 갓쇼즈쿠리 마을
- 등록년도: 1995년

37 슈리조 (일본)
- 유산명: 구스쿠 유적 및 류큐왕국 유적
- 등록년도: 2000년

38 자유의 여신상 (미국)
- 유산명: 자유의 여신상
- 등록년도: 1984년

39 타오스 푸에블로 (미국)
- 유산명: 푸에블로 데 타오스
- 등록년도: 1992년

40 마법사의 피라미드 (멕시코)
- 유산명: 욱스말 이전 스페인 도시
- 등록년도: 1996년

41 아바나 대성당 (쿠바)
- 유산명: 구 아바나 시와 요새
- 등록년도: 1982년

42 산 니콜라스 데 바리 병원 (도미니카 공화국)
- 유산명: 산토 도밍고 식민도시
- 등록년도: 1990년

43 마추픽추 (페루)
- 유산명: 마추픽추 역사 보호지구
- 등록년도: 1983년

44 모아이 (칠레)
- 유산명: 라파 누이 국립공원
- 등록년도: 1995년

45 브라질 국회의사당 (브라질)
- 유산명: 브라질리아
- 등록년도: 1987년

World Heritage Sites Appearing in This Book: Official Name and Year of Registration

1 Pyramids (Egypt)
- Name: Memphis and its Necropolis—the Pyramid Fields from Giza to Dahshur
- Year: 1979

2 Abu Simbel Temple (Egypt)
- Name: Nubian Monuments from Abu Simbel to Philae
- Year: 1979

3 Great Zimbabwe National Monument (Zimbabwe)
- Name: Great Zimbabwe National Monument
- Year: 1986

4 The Great Mosque of Djenn? (Mali)
- Name: Old Towns of Djenn?
- Year: 1988

5 The Trulli of Alberobello (Italy)
- Name: The Trulli of Alberobello
- Year: 1996

6 Santa Maria del Fiore (Italy)
- Name: Historic Centre of Florence
- Year: 1982

7 Villa Rotonda (Italy)
- Name: City of Vicenza and the Palladian Villas of the Veneto
- Year: 1994, 1996

8 Beém Tower (Portugal)
- Name: Monastery of the Hieronymites and Tower of Belém in Lisbon
- Year: 1983

9 Eiffel Tower (France)
- Name: Paris, Banks of the Seine
- Year: 1991

10 Notre-Dame Cathedral (France)
- Name: Paris, Banks of the Seine
- Year: 1991

11 Westminster Abbey (United Kingdom)
- Name: Westminster Palace, Westminster Abbey and Saint Margaret's Church
- Year: 1987

12 Ironbridge (United Kingdom)
- Name: Ironbridge Gorge
- Year: 1986

13 Altes Museum, Museum Island, Berlin (Germany)
- Name: Museumsinsel (Museum Island), Berlin
- Year: 1999

14 Rila Monastery (Bulgaria)
- Name: Rila Monastery
- Year: 1983

15 Square of Zachariás Renaissance Houses (Czech Republic)
- Name: Historic Centre of Telc
- Year: 1992

16 Parthenon (Greece)
- Name: Acropolis, Athens
- Year: 1987

17 Meteora Monastery (Greece)
- Name: Meteora
- Year: 1988

18 Transfiguration Church on Kizhi Island (Russia)
- Name: Kizhi Pogost
- Year: 1990

19 Hagia Sofia (Turkey)
- Name: Historic Areas of Istanbul
- Year: 1985

20 Cappadocia Church (Turkey)
- Name: Göreme National Park and the Rock Sites of Cappadocia
- Year: 1985

21 Hatra (Iraq)
- Name: Hatra
- Year: 1985

22 Old Walled City of Shibam (Yemen)
- Name: Old Walled City of Shibam
- Year: 1982

23 Taj Mahal (India)
- Name: Taj Mahal
- Year: 1983

24 Angkor Wat (Cambodia)
- Name: Angkor
- Year: 1992

25 Borobudur Temple Compounds (Indonesia)
- Name: Borobudur Temple Compounds
- Year: 1991

26 Great Wall of China (China)
- Name: The Great Wall
- Year: 1987

27 Potala Palace (China)
- Name: Historic Ensemble of the Potala Palace, Lhasa
- Year: 1994, 2000, 2001

28 Changdeok Palace (Republic of Korea)
- Name: Changdeokgung Palace Complex
- Year: 1997

29 Jongmyo Shrine (Republic of Korea)
- Name: Jongmyo Shrine
- Year: 1993

30 Himeji-jo (Japan)
- Name: Himeji-jo
- Year: 1993

31 Kiyomizu Temple (Japan)
- Name: Historic Monuments of Ancient Kyoto (Kyoto, Uji and Otsu Cities)
- Year: 1994

32 Ginkakuji (Japan)
- Name: Historic Monuments of Ancient Kyoto (Kyoto, Uji and Otsu Cities)
- Year: 1994

33 Phoenix Hall of Byodo-in (Japan)
- Name: Historic Monuments of Ancient Kyoto (Kyoto, Uji and Otsu Cities)
- Year: 1994

34 Toji Five-storied Pagoda (Japan)
- Name: Historic Monuments of Ancient Kyoto (Kyoto, Uji and Otsu Cities)
- Year: 1994

35 Todaiji Great South Gate (Japan)
- Name: Historic Monuments of Ancient Nara
- Year: 1998

36 Historic Villages of Shirakawa-go and Gokayama (Japan)
- Name: Historic Viallages of Shirakawa-go and Gokayama
- Year: 1995

37 Shuri Castle (Japan)
- Name: Gusuku Sites and Related Properties of the Kingdom of Ryukyu
- Year: 2000

38 Statue of Liberty (United States)
- Name: Statue of Liberty
- Year: 1984

39 Taos Pueblo (United States)
- Name: Pueblo de Taos
- Year: 1992

40 Pyramid of the Magician (Mexico)
- Name: Pre-Hispanic Town of Uxmal
- Year: 1996

41 Cathedral de la Havana (Cuba)
- Name: Old Havana and its Fortifications
- Year: 1982

42 San Nicolás de Bari Hospital (Dominican Republic)
- Name: Colonial City of Santo Domingo
- Year: 1990

43 Machu Picchu (Peru)
- Name: Historic Sanctuary of Machu Picchu
- Year: 1983

44 Moais (Chile)
- Name: Rapa Nui National Park
- Year: 1995

45 Congress Building, Brasilia (Brazil)
- Name: Brasilia
- Year: 1987

후기
Reviews

2005년 봄, 오키나와 여행에서 돌아와서 머지않아 쇼코쿠사(彰國社)로부터 이 책에 관한 이야기를 들었다. '세계유산'은 이제껏 꽃과 동물 등의 소재만 많이 다뤄온 내가 자타니(茶谷) 선생님의 작품에 얼마나 근접할 수 있을지 알아보는 새로운 도전 같은 것이었다. 누구나 알다시피 종이접기건축에서는 켄트지 크기를 규정하고 그 안에서 얼마나 실감나게 입체감을 표현하여 접느냐가 핵심이다. 자그마한 켄트지 속에 세계유산이라는 거대 유산과 건물을 담아내는 작업이란, 선생님께서 서문에서 말씀하셨듯이 '시간과 공간을 초월한 세계여행'과도 같은 일이었다.

나는 건축물의 입면과 형태를 종이접기로 만들 때 가능한 한 섬세하게 만들려는 경향이 있기 때문에 이 책에서도 상당히 복잡한 작품들을 많이 맡게 되었다. 지금까지의 종이접기건축 방법에서는 켄트지에 베낀 구멍의 수가 너무 많아 도안을 제거하고 나면 점선의 종류를 알아보기 어려웠기 때문에, 이 책에 실린 방법처럼 도안을 얹은 채로 커팅을 하는 방법을 택했다. 또한 지금까지 출판된 종이접기건축 책에는 90°타입 이외의 작품도 소개되어 있지만 이 책은 세계유산을 대상으로 하기 때문에 널리 알려진 소재들이 많고 180°타입으로는 형태가 단순해지기 쉬워 이미지가 전달되기 어렵다는 생각이 들어 90°타입으로만 한정하여 구성하기로 했다. 하지만 솔직히 말해서, 90°타입의 작품은 디자인을 정하는 과정이 무척 어렵고 표현이 정교할수록 접어 올리는 것이 간단하지가 않다.

환경오염일지 모르겠지만, 조그만 쓰레기통은 순식간에 가득 차올라갔다. 그래도 종이접기건축의 기본인 90°타입의 심오함을 새삼 깨닫게 된 좋은 기회였다고 생각한다.

나의 작품 제작에 많은 도움을 주신 효도 기요코 씨와 구가 구니코 씨께 진심으로 감사드린다. 그리고 건축 전문도 아닌 나에게 아낌없는 조언을 해 주고 도안 작성을 도와준 나의 남편 나카자와 도시아키에게도 감사한다.

나카자와 게이코

Postscript

Soon after my return from a trip to Okinawa, early in March 2005, Shokokusha contacted me about doing this book. Its concept: "World Heritage Sites." In bringing World Heritage sites series, had mostly been in the design of flowers and animals—things other than buildings, so to see how closely I could approach Masahiro Chatani's origami works represented a new challenge for me.

The crux of designing Origamic Architecture is to choose, by one's own reckoning, a model size on Kent (construction) paper and figure out how to express a three-dimensional form within that size, as well as how to fold it. The work of fitting colossal World Heritage buildings or sites into small sheets of Kent paper, as Chatani mentions in his preface, is truly to travel "without limits through time and space."

Since I prefer a design that is as detailed as possible, when expressing through origami the facade or form of a building, this time you will find many models of complicated design. Because they are complicated, the method prescribed until now for making the models results in too many pinpricks when transferring the image to Kent paper, so that, after removing the pattern, it is difficult to distinguish the different lines. For the method prescribed in this book, therefore, we have adopted the technique of cutting the cutting line directly through the pattern.

Also while previous Origamic Architecture books have included origami models of other types besides the 90°-angle type, we have chosen th present only the 90°-type in this book. Considering how widely known and recognized these World Heritage site buildings are, we felt that the form becomes too simplified with the 180°-type, so that the image is not rendered to satisfaction. Frankly, however, the process of designing each model proved to moreover, developing the folds was not an easy task either.

Because of that difficulty, my little wastebasket was soon filled to the top. While hardly an environmentally friendly turn of events, I saw it as evidence of my having freshly grasped the depth and sophistication of the 90°-type model, which is the foundation of Origamic Architecture.

I would like to express my heartfelt gratitude to Kiyoko Hyodo and Kuniko Kuga for their invaluable assistance during the design labors. As someone not specialized in architecture, I am also indebted to my husband, Toshiaki Nakazawa, for his advice and for his assistance with the designs and other aspects of this project.

Keiko Nakazawa

저자 프로필 Authors

자타니 마사히로(茶谷正洋)

1934년 히로시마 출생. 1956년 도쿄공업대학 졸업. 국토교통성 건축연구소 연구원, 도쿄공업대학 교수, 시즈오카 문화예술대학 교수, 호세이대학 교수, 도쿄공업대학 명예교수 등 역임. 공학박사. 2008년 별세.
1981년 종이접기건축을 창시하며 큰 붐을 일으켰고 전람회, 강연 등을 하며 국내외적으로 폭넓게 활약했다. 그의 종이접기건축 작품은 2,000점 이상이나 되며 수많은 관련 저서를 펴냈다.

주요 저서
《종이접기건축》시리즈(쇼코쿠사), 《입체 카드》(온도리사), 《종이 미술의 세계》(온도리사), 《입체 종이접기》(포플러사), 《세계 건축 사전》(일본실업출판사) 등 다수.

주요 전람회
1981년	종이접기건축전, 긴자 MATSUYA
2001년	종이접기건축전, 뉴욕 American Craft Museum
	자타니 마사히로 종이접기전, 도쿄가스 요코하마 쇼룸
2005년	종이접기건축 써클 'KAZE(風)' 강사
	자타니마사히로 종이접기건축전, 자유학원명월관. 그 외 다수.

Masahiro CHATANI
1934: Born in Hiroshima. 1956: Graduated from Tokyo Institute of Technology. Posts have included Researcher, Architectural Research Institute, Ministry of Construction (present Ministry of Land, Infrastructure and Transport); Professor, Tokyo Institute of Technology; Professor, Shizuoka University of Art and Culture; and Professor, Hosei University; Professor Emeritus, Tokyo Institute of Technology Doctor of Engineering. It died in 2008.
Awakened popular interest in Origamic Architecture after originating this genre in 1981. Is widely active in Japan and abroad, holding exhibitions of his works, lecturing, etc. Has created over 2,000 Origamic Architecture works and authored numerous Origamic Architecture books.

Major Publications
Origamic Architecture Series (Shokokusha); Pop-up Cards (Ondorisha); World of Paper Magic (Ondorisha); Pop-up Origami (Popurasha); Encyclopedia of Architecture (Nihon Jitsugyo Shuppansha); and numerous others.

Major Exhibitions
1981	Origamic Architecture Exhibition, Ginza Matsuya
2001	Origamic Architecture Exhibition, New York American Craft Museum; Masahiro Chatani Kamiwaza Exhibition, Tokyo Gas Yokohama Showroom
2005	Lecturer, Origamic Architecture Circle "Kaze"; Masahiro Chatani Origamic Architecture Exhibition, Jiyugakuen Myonichikan; and numerous others.

나카자와 게이코(中沢圭子)

나고야 출생. 1983년부터 종이접기건축을 시작했다.
현재 종이접기건축 아뜰리에 부케 회장. Kaminication Art KAI 회장.
그 밖에 아사히 컬쳐, 세이부 커뮤니티 컬리지, NHK 문화 센터, 도큐 세미나 외 다수 강사 역임.
그녀의 작품들은 꽃과 동물 등을 제재로 한 화려하고 정교한 디자인으로 많은 사람들에게 잘 알려져 있다. 최근에는 축하인사카드의 틀을 벗어나 인테리어, 예술로서의 작품들도 다루었으며 이 책에서는 세계유산이라는 본격적인 건축 장르에 도전했다.
단행본, 강연, 전람회 등으로 분주한 나날을 보내고 있다.

주요 저서
《화이트 크리스마스》(공저, 고단샤), 《종이접기건축의 세계》(공저, 쇼코쿠사), 《종이접기건축 사계절 축하인사카드》(쇼코쿠사), 《종이접기건축 축하인사카드집》(쇼코쿠사), 《재미있게 만드는 축하인사카드》(온도리사), 《입체 축하인사카드》(부티크사), 《자르고 접는 종이 놀이》(일본문예사) 그 외 다수.

주요 전람회
1988년	종이접기건축전, 이케부쿠로 세이부백화점 아뜰리에 누보
1990년	ORIGAMIC MAGICAL ZONE, 이와사키치히로 미술관 기획전
1997년	Paper Poem전, 긴자 ITOYA
2001년	종이접기건축전, 뉴욕 American Craft Museum
2002년	나카자와게이코 Paper Art KAI 한여름의 화락전, 긴자 ITOYA. 그 외 다수.

Keiko NAKAZAWA
Born in Nagoya. 1983: Began to create Origamic Architecture.
Currently is President, Origamic Architecture Atelier Bouquet; and President, Kaminication Art KAI. Also lectures at Asahi Culture, Seibu Community College, NHK Bunka Center, Tokyu Seminar, etc.
Her works depicting flowers and animals are widely known for their cute, elaborately rendered design. Has recently transcended the greeting card field to create numerous origami interior decorative works and art works. In undertaking World Heritage sites, this time, she brings her talents to a purely architectural genre. Pursues a hectic daily schedule of book writing, lectures, and exhibitions.

Major Publications
White Christmas (co-author, Kodansha); A Paradise of Origamic Architecture (co-author, Shokokusha); Origamic Architecture Greeting Cards for the Four Seasons (Shokokusha); Origamic Architecture Greeting Cards (Shokokusha); Greeting Cards Fun to Make (Ondorisha); 3D Pop-up Greeting Cards (Boutiquesha); Origamic Architecture Greeting Cards (Nihonbungeisha) and numerous others.

Major Exhibitions
1988	Origamic Architecture Exhibition, Atelier Nouveau, Seibu Department Store, Ikebukuro
1990	Origamic Magical Zone, Chihiro Art Museum
1997	Paper Poem Exhibition, Ginza Itoya
2001	Origamic Architecture Exhibition, New York American Craft Museum
2002	Keiko Nakazawa Paper Art KAI Midsummer Waraku Exhibition, Ginza Itoya; and numerous others.

감수 후기
Reviews

이 책은 종이접기건축의 창시자라고 할 수 있는 일본의 자타니 선생님이 심혈을 기울여 수많은 시행착오 끝에 만들어낸 작품 도면 45개로 구성되어 있다.

이 책에 수록된 작품들은 만드는 것만으로도 신기하고 재미있는 경험을 할 수 있는 작품들이다. 특히 이 책에 실려 있는 유네스코 세계문화유산으로 지정된 인류의 보물들은 인류의 수천 년 역사와 인류의 지혜가 만들어낸 걸작들이기 때문에 그런 보물들을 직접 만들어보는 과정은 독자들에게도 많은 감동을 안겨줄 것이다.

감수자로서 작품을 만드는 과정에서 몇 가지 조언을 한다면, 작업하는 구조물들은 완벽하게 반으로 접혀야 제대로 완성된 작품이며, 만약 제대로 접히지 않는다면 일부분에서 자르는 선이나 산접기 선, 골접기 선 표시가 빠진 경우일 것이다. 그럴 때는 자른 후 접는 과정에서 원래 도면을 참고로 해서 만들어 보면 더욱 쉽게 만들 수 있을 것이다.

또 몇몇의 건축물들은 만드는 과정에서 구조물 자체를 위한 선 자르기보다 오히려 장식적 요소로 오려 내야하는 부분(창문, 문 등)들로 인해 시간 소요가 많아 흥미가 반감될 우려가 있다. 그럴 때는 구조물 자체에 먼저 도전해서 완성한 후 나머지 부분을 진행한다면 더 흥미롭고 재미있는 만들기 과정이 될 것이다.

부모와 어린이가 함께 만들기를 진행하려고 한다면, 난이도가 쉬운 작품부터 만들어 보고, 엄마가 선 자르기를 한 후, 아이에게 선대로 산접기, 골접기를 하도록 작업에 참여시키고 격려해준다면 재미있는 작업을 진행할 수 있을 것이다. 또 색지를 사용하거나 종이에 색칠하기를 한 후 진행해도 좋은 경험이 될 것이다.

독자 여러분들이 만드는 과정에서의 이런 저런 작은 어려움들은 완성한 후 경험하게 되는 성취감과 만족감으로 충분히 보상받게 될 것이다.

감수자 지은경

감수자 프로필

지은경

1969년 충북 음성에서 태어나 현재 한국종이접기협회 종이조각연구회 회장을 맡고 있으며, 페이퍼위드Paperwith 팝업연구소를 운영 중이다. 지은 책으로는《골판지 작품 만들기 교실》,《치치의 모험 창작 Pop-up Book》시리즈 등이 있으며, 수상 경력으로 2004년 전국종이조형작품 공모전 대상(국무총리상, 작품명 '연'), 2007년 전국무궁화공예대전 대상(행정자치부장관상, 작품명 '숨결')과 금상(산림청장상, 작품명 '홍근화') 등이 있다. 종이공예를 알리기 위해 여러 곳의 문화센터에서 강의를 진행하고 있으며, 2000년에 'PAPER FANTASY(인사동 서호갤러리)', 2009년에 '한국종이문화원 종이조형전(인사동 한국공예문화진흥원)' 등의 전시회를 열었다.

역자 고지영

성신여자대학교 일문과 졸업. 고려대학교 대학원 일본문학 석사과정 수료.
현재 번역 에이전시 엔터스코리아 출판기획 및 일본어 전문 번역가로 활동 중이다.
역서로는 〈종이접기 동물원〉, 〈토익 만점 받는 책〉 등이 있다.

종이접기건축 DIY시리즈 01
세계문화유산 45

2022년 11월 10일 개정판 인쇄
2022년 11월 20일 개정판 발행

지은이	자타니 마사히로, 나카자와 게이코
옮긴이	고지영
편집	김은숙
디자인 및 표지	공종욱
발행처	터닝포인트
발행인	정상석
주소	(03991) 서울시 마포구 동교로 27길 53 지남빌딩 308호
대표 전화	(02)332-7646
팩스	(02)3142-7646
등록일자	2005년 2월 17일
ISBN	979-11-6134-123-1 13630
홈페이지	http://www.turningpoint.co.kr
	http://www.diytp.com

*원고 집필 문의 diamat@naver.com

파본이나 잘못된 책은 구입하신 서점에서 교환해 드립니다.